RUSSO
VOCABOLARIO

ITALIANO - RUSSO

Le parole più utili
Per ampliare il proprio lessico e affinare
le proprie abilità linguistiche

7000 parole

Vocabolario Italiano-Russo per studio autodidattico - 7000 parole
Di Andrey Taranov

I vocabolari T&P Books si propongono come strumento di aiuto per apprendere, memorizzare e revisionare l'uso di termini stranieri. Il dizionario si divide in vari argomenti che includono la maggior parte delle attività quotidiane, tra cui affari, scienza, cultura, ecc.

Il processo di apprendimento delle parole attraverso i dizionari divisi in liste tematiche della collana T&P Books offre i seguenti vantaggi:

* Le fonti d'informazione correttamente raggruppate garantiscono un buon risultato nella memorizzazione delle parole
* La possibilità di memorizzare gruppi di parole con la stessa radice (piuttosto che memorizzarle separatamente)
* Piccoli gruppi di parole facilitano il processo di apprendimento per associazione, utile al potenziamento lessicale
* Il livello di conoscenza della lingua può essere valutato attraverso il numero di parole apprese

T&P Books Publishing
www.tpbooks.com

ISBN: 978-1-78314-928-5

Questo libro è disponibile anche in formato e-book.
Visitate il sito www.tpbooks.com o le principali librerie online.

VOCABOLARIO RUSSO
per studio autodidattico

I vocabolari T&P Books si propongono come strumento di aiuto per apprendere, memorizzare e revisionare l'uso di termini stranieri. Il vocabolario contiene oltre 7000 parole di uso comune ordinate per argomenti.

- Il vocabolario contiene le parole più comunemente usate
- È consigliato in aggiunta ad un corso di lingua
- Risponde alle esigenze degli studenti di lingue straniere sia essi principianti o di livello avanzato
- Pratico per un uso quotidiano, per gli esercizi di revisione e di autovalutazione
- Consente di valutare la conoscenza del proprio lessico

Caratteristiche specifiche del vocabolario:

- Le parole sono ordinate secondo il proprio significato e non alfabeticamente
- Le parole sono riportate in tre colonne diverse per facilitare il metodo di revisione e autovalutazione
- I gruppi di parole sono divisi in sottogruppi per facilitare il processo di apprendimento
- Il vocabolario offre una pratica e semplice trascrizione fonetica per ogni termine straniero

Il vocabolario contiene 198 argomenti tra cui:

Concetti di Base, Numeri, Colori, Mesi, Stagioni, Unità di Misura, Abbigliamento e Accessori, Cibo e Alimentazione, Ristorante, Membri della Famiglia, Parenti, Personalità, Sentimenti, Emozioni, Malattie, Città, Visita Turistica, Acquisti, Denaro, Casa, Ufficio, Lavoro d'Ufficio, Import-export, Marketing, Ricerca di un Lavoro, Sport, Istruzione, Computer, Internet, Utensili, Natura, Paesi, Nazionalità e altro ancora …

INDICE

GUIDA ALLA PRONUNCIA

Alfabeto fonetico T&P	Esempio russo	Esempio italiano

Consonanti

[b]	абрикос [abrikós]	bianco
[d]	квадрат [kvadrát]	doccia
[f]	реформа [refórma]	ferrovia
[g]	глина [glína]	guerriero
[ʒ]	массажист [masaʒĭst]	beige
[j]	пресный [présnij]	New York
[h], [x]	мех, Пасха [méh], [pásxa]	[h] aspirate
[k]	кратер [krátɛr]	cometa
[l]	лиловый [lilóvij]	saluto
[m]	молоко [mɔlɔkó]	mostra
[n]	нут, пони [nút], [póni]	notte
[p]	пират [pirát]	pieno
[r]	ручей [rutʃéj]	ritmo, raro
[s]	суслик [súslik]	sapere
[t]	тоннель [tɔnélʲ]	tattica
[ʃ]	лишайник [liʃájnik]	ruscello
[ʧ]	врач, речь [vrátʃ], [rétʃʲ]	cinque
[ʦ]	кузнец [kuznéʦ]	calzini
[ʃ]	мощность [móʃnostʲ]	fasciatura
[v]	молитва [mɔlítva]	volare
[z]	дизайнер [dizájner]	rosa

Simboli aggiuntivi

[ʲ]	дикарь [dikárʲ]	segno di palatalizzazione
[·]	автопилот [aftɔ·pilót]	punto mediano
[ˈ]	заплата [zapláta]	accento principale

Vocali accentate

[á]	платье [plátje]	macchia
[é]	лебедь [lébetʲ]	meno, leggere
[ǿ]	шахтёр [ʃahtǿr]	New York
[í]	организм [ɔrganízm]	vittoria
[ó]	роспись [róspisʲ]	notte
[ú]	инсульт [insúlʲt]	prugno

Alfabeto fonetico T&P	Esempio russo	Esempio italiano
[ī]	добыча [dɔbīʧa]	tattica
[æ]	полиэстер [poliǽstɛr]	spremifrutta
['ú], [jú]	салют, юг [salʲút], [júg]	aiuto
['á], [já]	связь, я [svʲásʲ], [já]	piazza

Vocali non accentate

[a]	гравюра [gravʲúra]	vocale neutra, simile allo scevà [ə]
[e]	кенгуру [kengurú]	vocale neutra, simile allo scevà [ə]
[ə]	пожалуйста [pɔʒáləsta]	soldato (dialetto foggiano)
[i]	рисунок [risúnɔk]	vittoria
[ɔ]	железо [ʒelézɔ]	vocale neutra, simile allo scevà [ə]
[u]	вирус [vírus]	prugno
[ɨ]	первый [pérvɨj]	tattica
[ɛ]	аэропорт [aɛrɔpórt]	centro
['u], [ju]	брюнет [brʲunét]	aiuto
[ɪ], [jɪ]	заяц, язык [záɪʦ], [jɪzīk]	vocale neutra, simile allo scevà [ə]
['a], [ja]	няня, копия [nʲánʲa], [kópija]	piazza

ABBREVIAZIONI
usate nel vocabolario

Italiano. Abbreviazioni

agg	-	aggettivo
anim.	-	animato
avv	-	avverbio
cong	-	congiunzione
ecc.	-	eccetera
f	-	sostantivo femminile
f pl	-	femminile plurale
fem.	-	femminile
form.	-	formale
inanim.	-	inanimato
inform.	-	familiare
m	-	sostantivo maschile
m pl	-	maschile plurale
m, f	-	maschile, femminile
masc.	-	maschile
mil.	-	militare
pl	-	plurale
pron	-	pronome
qc	-	qualcosa
qn	-	qualcuno
sing.	-	singolare
v aus	-	verbo ausiliare
vi	-	verbo intransitivo
vi, vt	-	verbo intransitivo, transitivo
vr	-	verbo riflessivo
vt	-	verbo transitivo

Russo. Abbreviazioni

возв	-	verbo riflessivo
ж	-	sostantivo femminile
ж мн	-	femminile plurale
м	-	sostantivo maschile
м мн	-	maschile plurale
м, ж	-	maschile, femminile
мн	-	plurale
н/пх	-	verbo intransitivo, transitivo
н/св	-	aspetto perfettivo/imperfettivo

нпх	-	verbo intransitivo
нсв	-	aspetto imperfettivo
пх	-	verbo transitivo
с	-	neutro
с мн	-	plurale neutro
св	-	aspetto perfettivo

CONCETTI DI BASE

Concetti di base. Parte 1

1. Pronomi

io	я	[já]
tu	ты	[tī]
lui	он	[ón]
lei	она	[ɔná]
esso	оно	[ɔnó]
noi	мы	[mī]
voi	вы	[vī]
loro	они	[ɔní]

2. Saluti. Convenevoli. Saluti di congedo

Salve!	Здравствуй!	[zdrástvuj]
Buongiorno!	Здравствуйте!	[zdrástvujte]
Buongiorno! (la mattina)	Доброе утро!	[dóbrɔe útrɔ]
Buon pomeriggio!	Добрый день!	[dóbrij dénʲ]
Buonasera!	Добрый вечер!	[dóbrij vetʃer]
salutare (vt)	здороваться (нсв, возв)	[zdɔróvatsa]
Ciao! Salve!	Привет!	[privét]
saluto (m)	привет (м)	[privét]
salutare (vt)	приветствовать (нсв, пх)	[privétstvɔvatʲ]
Come sta?	Как у вас дела?	[kák u vás delá?]
Come stai?	Как дела?	[kák delá?]
Che c'è di nuovo?	Что нового?	[ʃtó nóvɔvɔ?]
Arrivederci!	До свидания!	[dɔ svidánija]
A presto!	До скорой встречи!	[dɔ skórɔj fstrétʃi]
Addio! (inform.)	Прощай!	[prɔʃʲáj]
Addio! (form.)	Прощайте!	[prɔʃʲájte]
congedarsi (vr)	прощаться (нсв, возв)	[prɔʃʲátsa]
Ciao! (A presto!)	Пока!	[pɔká]
Grazie!	Спасибо!	[spasíbɔ]
Grazie mille!	Большое спасибо!	[bɔlʲʃóe spasíbɔ]
Prego	Пожалуйста	[pɔʒálǝsta]
Non c'è di che!	Не стоит благодарности	[ne stóit blagɔdárnɔsti]
Di niente	Не за что	[né za ʃtɔ]
Scusa!	Извини!	[izviní]
Scusi!	Извините!	[izviníte]

scusare (vt)	извинять (нсв, пх)	[izvinʲátʲ]
scusarsi (vr)	извиняться (нсв, возв)	[izvinʲátsa]
Chiedo scusa	Мои извинения	[mɔí izvinénija]
Mi perdoni!	Простите!	[prɔstíte]
perdonare (vt)	прощать (нсв, пх)	[prɔʃátʲ]
Non fa niente	Ничего страшного	[nitʃevó stráʃnɔvɔ]
per favore	пожалуйста	[pɔʒálɘsta]
Non dimentichi!	Не забудьте!	[ne zabútʲte]
Certamente!	Конечно!	[kɔnéʃnɔ]
Certamente no!	Конечно нет!	[kɔnéʃnɔ nét]
D'accordo!	Согласен!	[sɔglásen]
Basta!	Хватит!	[hvátit]

3. Numeri cardinali. Parte 1

zero (m)	ноль	[nólʲ]
uno	один	[ɔdín]
due	два	[dvá]
tre	три	[trí]
quattro	четыре	[tʃetĩre]
cinque	пять	[pʲátʲ]
sei	шесть	[ʃǽstʲ]
sette	семь	[sémʲ]
otto	восемь	[vósemʲ]
nove	девять	[dévɪtʲ]
dieci	десять	[désɪtʲ]
undici	одиннадцать	[ɔdínatsatʲ]
dodici	двенадцать	[dvenátsatʲ]
tredici	тринадцать	[trinátsatʲ]
quattordici	четырнадцать	[tʃetĩrnatsatʲ]
quindici	пятнадцать	[pitnátsatʲ]
sedici	шестнадцать	[ʃɛsnátsatʲ]
diciassette	семнадцать	[semnátsatʲ]
diciotto	восемнадцать	[vɔsemnátsatʲ]
diciannove	девятнадцать	[devitnátsatʲ]
venti	двадцать	[dvátsatʲ]
ventuno	двадцать один	[dvátsatʲ ɔdín]
ventidue	двадцать два	[dvátsatʲ dvá]
ventitre	двадцать три	[dvátsatʲ trí]
trenta	тридцать	[trítsatʲ]
trentuno	тридцать один	[trítsatʲ ɔdín]
trentadue	тридцать два	[trítsatʲ dvá]
trentatre	тридцать три	[trítsatʲ trí]
quaranta	сорок	[sórɔk]
quarantuno	сорок один	[sórɔk ɔdín]
quarantadue	сорок два	[sórɔk dvá]
quarantatre	сорок три	[sórɔk trí]

cinquanta	пятьдесят	[pɪtʲdesʲát]
cinquantuno	пятьдесят один	[pɪtʲdesʲát ɔdín]
cinquantadue	пятьдесят два	[pɪtʲdesʲát dvá]
cinquantatre	пятьдесят три	[pɪtʲdesʲát trí]
sessanta	шестьдесят	[ʃɛstʲdesʲát]
sessantuno	шестьдесят один	[ʃɛstʲdesʲát ɔdín]
sessantadue	шестьдесят два	[ʃɛstʲdesʲát dvá]
sessantatre	шестьдесят три	[ʃɛstʲdesʲát trí]
settanta	семьдесят	[sémʲdesɪt]
settantuno	семьдесят один	[sémʲdesɪt ɔdín]
settantadue	семьдесят два	[sémʲdesɪt dvá]
settantatre	семьдесят три	[sémʲdesɪt trí]
ottanta	восемьдесят	[vósemʲdesɪt]
ottantuno	восемьдесят один	[vósemʲdesɪt ɔdín]
ottantadue	восемьдесят два	[vósemʲdesɪt dvá]
ottantatre	восемьдесят три	[vósemʲdesɪt trí]
novanta	девяносто	[devɪnóstɔ]
novantuno	девяносто один	[devɪnóstɔ ɔdín]
novantadue	девяносто два	[devɪnóstɔ dvá]
novantatre	девяносто три	[devɪnóstɔ trí]

4. Numeri cardinali. Parte 2

cento	сто	[stó]
duecento	двести	[dvésti]
trecento	триста	[trísta]
quattrocento	четыреста	[tʃetíresta]
cinquecento	пятьсот	[pɪtʲsót]
seicento	шестьсот	[ʃɛstʲsót]
settecento	семьсот	[semʲsót]
ottocento	восемьсот	[vɔsemʲsót]
novecento	девятьсот	[devɪtʲsót]
mille	тысяча	[tísɪtʃa]
duemila	две тысячи	[dve tísɪtʃi]
tremila	три тысячи	[trí tísɪtʃi]
diecimila	десять тысяч	[désɪtʲ tísʲatʃ]
centomila	сто тысяч	[stó tísɪtʃ]
milione (m)	миллион (м)	[milión]
miliardo (m)	миллиард (м)	[miliárd]

5. Numeri. Frazioni

frazione (f)	дробь (ж)	[drópʲ]
un mezzo	одна вторая	[ɔdná ftɔrája]
un terzo	одна третья	[ɔdná trétja]
un quarto	одна четвёртая	[ɔdná tʃetvǿrtaja]

un ottavo	одна восьмая	[ɔdná vɔsʲmája]
un decimo	одна десятая	[ɔdná desʲátaja]
due terzi	две третьих	[dve trétjih]
tre quarti	три четвёртых	[trí ʧetvǿrtih]

6. Numeri. Operazioni aritmetiche di base

sottrazione (f)	вычитание (c)	[viʧitánie]
sottrarre (vt)	вычитать (нсв, пх)	[viʧitátʲ]
divisione (f)	деление (c)	[delénie]
dividere (vt)	делить (нсв, пх)	[delítʲ]
addizione (f)	сложение (c)	[slɔʒǽnie]
addizionare (vt)	сложить (св, пх)	[slɔʒítʲ]
aggiungere (vt)	прибавлять (нсв, пх)	[pribavlʲátʲ]
moltiplicazione (f)	умножение (c)	[umnɔʒǽnie]
moltiplicare (vt)	умножать (нсв, пх)	[umnɔʒátʲ]

7. Numeri. Varie

cifra (f)	цифра (ж)	[ʦīfra]
numero (m)	число (c)	[ʧisló]
numerale (m)	числительное (c)	[ʧislítelʲnɔe]
meno (m)	минус (м)	[mínus]
più (m)	плюс (м)	[plʲús]
formula (f)	формула (ж)	[fórmula]

calcolo (m)	вычисление (c)	[viʧislénie]
contare (vt)	считать (нсв, пх)	[ʃitátʲ]
calcolare (vt)	подсчитывать (нсв, пх)	[potʃítivatʲ]
comparare (vt)	сравнивать (нсв, пх)	[srávnivatʲ]

Quanto? Quanti?	Сколько?	[skólʲkɔ?]
somma (f)	сумма (ж)	[súmma]
risultato (m)	результат (м)	[rezulʲtát]
resto (m)	остаток (м)	[ɔstátɔk]
qualche ...	несколько	[néskɔlʲkɔ]
un po' di ...	мало	[málɔ]
resto (m)	остальное (c)	[ɔstalʲnóe]
uno e mezzo	полтора	[pɔltɔrá]
dozzina (f)	дюжина (ж)	[dʲúʒina]

in due	пополам	[pɔpɔlám]
in parti uguali	поровну	[pórɔvnu]
metà (f), mezzo (m)	половина (ж)	[pɔlɔvína]
volta (f)	раз (м)	[rás]

8. I verbi più importanti. Parte 1

| accorgersi (vr) | замечать (нсв, пх) | [zameʧátʲ] |
| afferrare (vt) | ловить (нсв, пх) | [lɔvítʲ] |

affittare (dare in affitto)	снимать (нсв, пх)	[snimátʲ]
aiutare (vt)	помогать (нсв, пх)	[pɔmɔgátʲ]
amare (qn)	любить (нсв, пх)	[lʲubítʲ]

andare (camminare)	идти (нсв, нпх)	[itʲtʲí]
annotare (vt)	записывать (нсв, пх)	[zapísivatʲ]
appartenere (vi)	принадлежать ... (нсв, нпх)	[prinadleʒátʲ ...]
aprire (vt)	открывать (нсв, пх)	[ɔtkrivátʲ]
arrivare (vi)	приезжать (нсв, нпх)	[prieʒʒátʲ]
aspettare (vt)	ждать (нсв, пх)	[ʒdátʲ]

avere (vt)	иметь (нсв, пх)	[imétʲ]
avere fame	хотеть есть (нсв)	[hɔtétʲ éstʲ]
avere fretta	торопиться (нсв, возв)	[tɔrɔpítsa]

avere paura	бояться (нсв, возв)	[bɔjátsa]
avere sete	хотеть пить	[hɔtétʲ pítʲ]
avvertire (vt)	предупреждать (нсв, пх)	[predupreʒdátʲ]
cacciare (vt)	охотиться (нсв, возв)	[ɔhótitsa]
cadere (vi)	падать (нсв, нпх)	[pádatʲ]

cambiare (vt)	изменить (св, пх)	[izmenítʲ]
capire (vt)	понимать (нсв, пх)	[pɔnimátʲ]
cenare (vi)	ужинать (нсв, нпх)	[úʒinatʲ]
cercare (vt)	искать ... (нсв, пх)	[iskátʲ ...]
cessare (vt)	прекращать (нсв, пх)	[prekraʃátʲ]
chiedere (~ aiuto)	звать (нсв, пх)	[zvátʲ]

chiedere (domandare)	спрашивать (нсв, пх)	[spráʃivatʲ]
cominciare (vt)	начинать (нсв, пх)	[natʃinátʲ]
comparare (vt)	сравнивать (нсв, пх)	[srávnivatʲ]
confondere (vt)	путать (нсв, пх)	[pútatʲ]
conoscere (qn)	знать (нсв, пх)	[znátʲ]

conservare (vt)	сохранять (нсв, пх)	[sɔhranʲátʲ]
consigliare (vt)	советовать (нсв, пх)	[sɔvétɔvatʲ]
contare (calcolare)	считать (нсв, пх)	[ʃitátʲ]
contare su ...	рассчитывать на ... (нсв)	[raʃítivatʲ na ...]
continuare (vt)	продолжать (нсв, пх)	[prɔdɔlʒátʲ]

controllare (vt)	контролировать (нсв, пх)	[kɔntrɔlírɔvatʲ]
correre (vi)	бежать (н/св, нпх)	[beʒátʲ]
costare (vt)	стоить (нсв, пх)	[stóitʲ]
creare (vt)	создать (св, пх)	[sɔzdátʲ]
cucinare (vi)	готовить (нсв, пх)	[gɔtóvitʲ]

9. I verbi più importanti. Parte 2

dare (vt)	давать (нсв, пх)	[davátʲ]
dare un suggerimento	подсказать (св, пх)	[pɔtskazátʲ]
decorare (adornare)	украшать (нсв, пх)	[ukraʃátʲ]
difendere (~ un paese)	защищать (нсв, пх)	[zaʃiʃátʲ]
dimenticare (vt)	забывать (нсв, пх)	[zabivátʲ]
dire (~ la verità)	сказать (нсв, пх)	[skazátʲ]

dirigere (compagnia, ecc.)	руководить (нсв, пх)	[rukɔvɔdítʲ]
discutere (vt)	обсуждать (нсв, пх)	[ɔpsuʒdátʲ]
domandare (vt)	просить (нсв, пх)	[prɔsítʲ]
dubitare (vi)	сомневаться (нсв, возв)	[sɔmnevátsa]

entrare (vi)	входить (нсв, нпх)	[fhɔdítʲ]
esigere (vt)	требовать (нсв, пх)	[trébɔvatʲ]
esistere (vi)	существовать (нсв, нпх)	[suʃestvɔvátʲ]

essere (vi)	быть (нсв, нпх)	[bïtʲ]
essere d'accordo	соглашаться (нсв, возв)	[sɔglaʃátsa]
fare (vt)	делать (нсв, пх)	[délatʲ]
fare colazione	завтракать (нсв, нпх)	[záftrakatʲ]

fare il bagno	купаться (нсв, возв)	[kupátsa]
fermarsi (vr)	останавливаться (нсв, возв)	[ɔstanávlivatsa]
fidarsi (vr)	доверять (нсв, пх)	[dɔverʲátʲ]
finire (vt)	заканчивать (нсв, пх)	[zakántʃivatʲ]
firmare (~ un documento)	подписывать (нсв, пх)	[pɔtpísivatʲ]

giocare (vi)	играть (нсв, нпх)	[igrátʲ]
girare (~ a destra)	поворачивать (нсв, нпх)	[pɔvɔrátʃivatʲ]
gridare (vi)	кричать (нсв, нпх)	[kritʃátʲ]
indovinare (vt)	отгадать (св, пх)	[ɔdgadátʲ]
informare (vt)	информировать (н/св, пх)	[infɔrmírɔvatʲ]

ingannare (vt)	обманывать (нсв, пх)	[ɔbmánivatʲ]
insistere (vi)	настаивать (нсв, нпх)	[nastáivatʲ]
insultare (vt)	оскорблять (нсв, пх)	[ɔskorblʲátʲ]
interessarsi di …	интересоваться (нсв, возв)	[interesɔvátsa]
invitare (vt)	приглашать (нсв, пх)	[priglaʃátʲ]

lamentarsi (vr)	жаловаться (нсв, возв)	[ʒálɔvatsa]
lasciar cadere	ронять (нсв, пх)	[rɔnʲátʲ]
lavorare (vi)	работать (нсв, нпх)	[rabótatʲ]
leggere (vi, vt)	читать (нсв, н/пх)	[tʃitátʲ]
liberare (vt)	освобождать (нсв, пх)	[ɔsvɔbɔʒdátʲ]

10. I verbi più importanti. Parte 3

mancare le lezioni	пропускать (нсв, пх)	[prɔpuskátʲ]
mandare (vt)	отправлять (нсв, пх)	[ɔtpravlʲátʲ]
menzionare (vt)	упоминать (нсв, пх)	[upɔminátʲ]
minacciare (vt)	угрожать (нсв, пх)	[ugrɔʒátʲ]
mostrare (vt)	показывать (нсв, пх)	[pɔkázivatʲ]

nascondere (vt)	прятать (нсв, пх)	[prʲátatʲ]
nuotare (vi)	плавать (нсв, нпх)	[plávatʲ]
obiettare (vt)	возражать (нсв, н/пх)	[vɔzraʒátʲ]
occorrere (vimp)	требоваться (нсв, возв)	[trébɔvatsa]
ordinare (~ il pranzo)	заказывать (нсв, пх)	[zakázivatʲ]

| ordinare (mil.) | приказывать (нсв, пх) | [prikázivatʲ] |
| osservare (vt) | наблюдать (нсв, н/пх) | [nablʲudátʲ] |

pagare (vi, vt)	платить (нсв, н/пх)	[platítʲ]
parlare (vi, vt)	говорить (нсв, н/пх)	[gɔvɔrítʲ]
partecipare (vi)	участвовать (нсв, нпх)	[utʃástvɔvatʲ]

pensare (vi, vt)	думать (нсв, н/пх)	[dúmatʲ]
perdonare (vt)	прощать (нсв, пх)	[prɔʃátʲ]
permettere (vt)	разрешать (нсв, пх)	[razreʃátʲ]
piacere (vi)	нравиться (нсв, возв)	[nrávitsa]
piangere (vi)	плакать (нсв, нпх)	[plákatʲ]

pianificare (vt)	планировать (нсв, пх)	[planírɔvatʲ]
possedere (vt)	владеть (нсв, пх)	[vladétʲ]
potere (v aus)	мочь (нсв, нпх)	[mótʃʲ]
pranzare (vi)	обедать (нсв, нпх)	[ɔbédatʲ]
preferire (vt)	предпочитать (нсв, пх)	[pretpɔtʃitátʲ]

pregare (vi, vt)	молиться (нсв, возв)	[mɔlítsa]
prendere (vt)	брать (нсв), взять (св)	[brátʲ], [vzʲátʲ]
prevedere (vt)	предвидеть (нсв, пх)	[predvídetʲ]
promettere (vt)	обещать (н/св, пх)	[ɔbeʃátʲ]
pronunciare (vt)	произносить (нсв, пх)	[prɔiznɔsítʲ]

proporre (vt)	предлагать (нсв, пх)	[predlagátʲ]
punire (vt)	наказывать (нсв, пх)	[nakázivatʲ]
raccomandare (vt)	рекомендовать (нсв, пх)	[rekɔmendɔvátʲ]
ridere (vi)	смеяться (нсв, возв)	[smejátsa]
rifiutarsi (vr)	отказываться (нсв, возв)	[ɔtkázivatsa]

rincrescere (vi)	сожалеть (нсв, нпх)	[sɔʒilétʲ]
ripetere (ridire)	повторять (нсв, пх)	[pɔftɔrʲátʲ]
riservare (vt)	резервировать (н/св, пх)	[rezervírɔvatʲ]
rispondere (vi, vt)	отвечать (нсв, пх)	[ɔtvetʃátʲ]
rompere (spaccare)	ломать (нсв, пх)	[lɔmátʲ]
rubare (~ i soldi)	красть (нсв, н/пх)	[krástʲ]

11. I verbi più importanti. Parte 4

salvare (~ la vita a qn)	спасать (нсв, пх)	[spasátʲ]
sbagliare (vi)	ошибаться (нсв, возв)	[ɔʃibátsa]
scavare (vt)	рыть (нсв, пх)	[rĩtʲ]
scegliere (vt)	выбирать (нсв, пх)	[vibirátʲ]

scendere (vi)	спускаться (нсв, возв)	[spuskátsa]
scherzare (vi)	шутить (нсв, нпх)	[ʃutítʲ]
scrivere (vt)	писать (нсв, пх)	[pisátʲ]
scusare (vt)	извинять (нсв, пх)	[izvinʲátʲ]
scusarsi (vr)	извиняться (нсв, возв)	[izvinʲátsa]

sedersi (vr)	садиться (нсв, возв)	[sadítsa]
seguire (vt)	следовать за ... (нсв)	[slédɔvatʲ za ...]
sgridare (vt)	ругать (нсв, пх)	[rugátʲ]
significare (vt)	означать (нсв, пх)	[ɔznatʃátʲ]
sorridere (vi)	улыбаться (нсв, возв)	[ulibátsa]
sottovalutare (vt)	недооценивать (нсв, пх)	[nedɔɔtsǽnivatʲ]

sparare (vi)	стрелять (нсв, нпх)	[strelʲátʲ]
sperare (vi, vt)	надеяться (нсв, возв)	[nadéiʦa]
spiegare (vt)	объяснять (нсв, пх)	[əbjisnʲátʲ]
studiare (vt)	изучать (нсв, пх)	[izutʃátʲ]

stupirsi (vr)	удивляться (нсв, возв)	[udivlʲáʦa]
tacere (vi)	молчать (нсв, нпх)	[mɔlʧátʲ]
tentare (vt)	пробовать (нсв, пх)	[próbɔvatʲ]
toccare (~ con le mani)	трогать (нсв, пх)	[trógatʲ]
tradurre (vt)	переводить (нсв, пх)	[perevɔdítʲ]

trovare (vt)	находить (нсв, пх)	[nahɔdítʲ]
uccidere (vt)	убивать (нсв, пх)	[ubivátʲ]
udire (percepire suoni)	слышать (нсв, нпх)	[slíʃatʲ]
unire (vt)	объединять (нсв, пх)	[əbjedinʲátʲ]
uscire (vi)	выходить (нсв, нпх)	[vihɔdítʲ]

vantarsi (vr)	хвастаться (нсв, возв)	[hvástaʦa]
vedere (vt)	видеть (нсв, пх)	[vídetʲ]
vendere (vt)	продавать (нсв, пх)	[prɔdavátʲ]
volare (vi)	лететь (нсв, нпх)	[letétʲ]
volere (desiderare)	хотеть (нсв, пх)	[hɔtétʲ]

12. Colori

colore (m)	цвет (м)	[ʦvét]
sfumatura (f)	оттенок (м)	[otténɔk]
tono (m)	тон (м)	[tón]
arcobaleno (m)	радуга (ж)	[ráduga]

bianco (agg)	белый	[bélij]
nero (agg)	чёрный	[ʧórnij]
grigio (agg)	серый	[sérij]

verde (agg)	зелёный	[zelǿnij]
giallo (agg)	жёлтый	[ʒóltij]
rosso (agg)	красный	[krásnij]

blu (agg)	синий	[sínij]
azzurro (agg)	голубой	[gɔlubój]
rosa (agg)	розовый	[rózɔvij]
arancione (agg)	оранжевый	[ɔránʒevij]
violetto (agg)	фиолетовый	[fiɔlétɔvij]
marrone (agg)	коричневый	[kɔríʧnevij]

| d'oro (agg) | золотой | [zɔlɔtój] |
| argenteo (agg) | серебристый | [serebrístij] |

beige (agg)	бежевый	[béʒevij]
color crema (agg)	кремовый	[krémɔvij]
turchese (agg)	бирюзовый	[birʲuzóvij]
rosso ciliegia (agg)	вишнёвый	[viʃnǿvij]
lilla (agg)	лиловый	[lilóvij]
rosso lampone (agg)	малиновый	[malínɔvij]

chiaro (agg)	светлый	[svétlij]
scuro (agg)	тёмный	[tǿmnij]
vivo, vivido (agg)	яркий	[járkij]

colorato (agg)	цветной	[tsvetnój]
a colori	цветной	[tsvetnój]
bianco e nero (agg)	чёрно-белый	[ʧórnɔ-bélij]
in tinta unita	одноцветный	[ɔdnɔʦvétnij]
multicolore (agg)	разноцветный	[raznɔʦvétnij]

13. Domande

Chi?	Кто?	[któ?]
Che cosa?	Что?	[ʃtó?]
Dove? (in che luogo?)	Где?	[gdé?]
Dove? (~ vai?)	Куда?	[kudá?]
Di dove?, Da dove?	Откуда?	[ɔtkúda?]
Quando?	Когда?	[kɔgdá?]
Perché? (per quale scopo?)	Зачем?	[zaʧém?]
Perché? (per quale ragione?)	Почему?	[pɔʧemú?]

Per che cosa?	Для чего?	[dlʲa ʧevó?]
Come?	Как?	[kák?]
Che? (~ colore è?)	Какой?	[kakój?]
Quale?	Который?	[kɔtórij?]

A chi?	Кому?	[kɔmú?]
Di chi?	О ком?	[ɔ kóm?]
Di che cosa?	О чём?	[ɔ ʧóm?]
Con chi?	С кем?	[s kém?]

Quanti?, Quanto?	Сколько?	[skólʲkɔ?]
Di chi?	Чей?	[ʧéj?]
Di chi? (fem.)	Чья?	[ʧjá?]
Di chi? (pl)	Чьи?	[ʧjí?]

14. Parole grammaticali. Avverbi. Parte 1

Dove?	Где?	[gdé?]
qui (in questo luogo)	здесь	[zdésʲ]
lì (in quel luogo)	там	[tám]

| da qualche parte (essere ~) | где-то | [gdé-tɔ] |
| da nessuna parte | нигде | [nigdé] |

| vicino a ... | у, около | [u], [ókɔlɔ] |
| vicino alla finestra | у окна | [u ɔkná] |

Dove?	Куда?	[kudá?]
qui (vieni ~)	сюда	[sʲudá]
ci (~ vado stasera)	туда	[tudá]
da qui	отсюда	[ɔtsʲúda]

da lì	оттуда	[ɔttúda]
vicino, accanto (avv)	близко	[blískɔ]
lontano (avv)	далеко	[dalekó]
vicino (~ a Parigi)	около	[ókɔlɔ]
vicino (qui ~)	рядом	[rʲádɔm]
non lontano	недалеко	[nedalekó]
sinistro (agg)	левый	[lévij]
a sinistra (rimanere ~)	слева	[sléva]
a sinistra (girare ~)	налево	[nalévɔ]
destro (agg)	правый	[právij]
a destra (rimanere ~)	справа	[správa]
a destra (girare ~)	направо	[naprávɔ]
davanti	спереди	[spéredi]
anteriore (agg)	передний	[perédnij]
avanti	вперёд	[fperǿd]
dietro (avv)	сзади	[szádi]
da dietro	сзади	[szádi]
indietro	назад	[nazád]
mezzo (m), centro (m)	середина (ж)	[seredína]
in mezzo, al centro	посередине	[pɔseredíne]
di fianco	сбоку	[zbóku]
dappertutto	везде	[vezdé]
attorno	вокруг	[vɔkrúg]
da dentro	изнутри	[iznutrí]
da qualche parte (andare ~)	куда-то	[kudá-tɔ]
dritto (direttamente)	напрямик	[naprɪmík]
indietro	обратно	[ɔbrátnɔ]
da qualsiasi parte	откуда-нибудь	[ɔtkúda-nibutʲ]
da qualche posto (veniamo ~)	откуда-то	[ɔtkúda-tɔ]
in primo luogo	во-первых	[vɔ-pérvih]
in secondo luogo	во-вторых	[vɔ-ftɔrī́h]
in terzo luogo	в-третьих	[f trétjih]
all'improvviso	вдруг	[vdrúg]
all'inizio	вначале	[vnaʧále]
per la prima volta	впервые	[fpervī́je]
molto tempo prima di...	задолго до ...	[zadólgɔ dɔ ...]
di nuovo	заново	[zánɔvɔ]
per sempre	насовсем	[nasɔfsém]
mai	никогда	[nikɔgdá]
ancora	опять	[ɔpʲátʲ]
adesso	теперь	[tepérʲ]
spesso (avv)	часто	[ʧástɔ]
allora	тогда	[tɔgdá]

| urgentemente | срочно | [srótʃnɔ] |
| di solito | обычно | [ɔbīʧnɔ] |

a proposito, ...	кстати, ...	[kstáti, ...]
è possibile	возможно	[vɔzmóʒnɔ]
probabilmente	вероятно	[verɔjátnɔ]
forse	может быть	[móʒet bīt']
inoltre ...	кроме того, ...	[króme tɔvó, ...]
ecco perché ...	поэтому ...	[pɔǽtɔmu ...]
nonostante (~ tutto)	несмотря на ...	[nesmɔtrʲá na ...]
grazie a ...	благодаря ...	[blagɔdarʲá ...]

che cosa (pron)	что	[ʃtó]
che (cong)	что	[ʃtó]
qualcosa (qualsiasi cosa)	что-то	[ʃtó-tɔ]
qualcosa (le serve ~?)	что-нибудь	[ʃtó-nibutʲ]
niente	ничего	[niʧevó]

chi (pron)	кто	[któ]
qualcuno (annuire a ~)	кто-то	[któ-tɔ]
qualcuno (dipendere da ~)	кто-нибудь	[któ-nibutʲ]

nessuno	никто	[niktó]
da nessuna parte	никуда	[nikudá]
di nessuno	ничей	[niʧéj]
di qualcuno	чей-нибудь	[ʧej-nibútʲ]

così (era ~ arrabbiato)	так	[ták]
anche (penso ~ a ...)	также	[tágʒe]
anche, pure	тоже	[tóʒe]

15. Parole grammaticali. Avverbi. Parte 2

Perché?	Почему?	[pɔʧemú?]
per qualche ragione	почему-то	[pɔʧemú-tɔ]
perché ...	потому, что ...	[pɔtɔmú, ʃtó ...]
per qualche motivo	зачем-то	[zaʧém-tɔ]

e (cong)	и	[i]
o (sì ~ no?)	или	[íli]
ma (però)	но	[nó]
per (~ me)	для	[dlʲá]

troppo	слишком	[slíʃkɔm]
solo (avv)	только	[tólʲkɔ]
esattamente	точно	[tóʧnɔ]
circa (~ 10 dollari)	около	[ókɔlɔ]

approssimativamente	приблизительно	[priblizítelʲnɔ]
approssimativo (agg)	приблизительный	[priblizítelʲnij]
quasi	почти	[pɔʧtí]
resto	остальное (c)	[ɔstalʲnóe]
ogni (agg)	каждый	[káʒdij]
qualsiasi (agg)	любой	[lʲubój]

molti, molto	много	[mnógɔ]
molta gente	многие	[mnógie]
tutto, tutti	все	[fsé]

in cambio di …	в обмен на …	[v ɔbmén na …]
in cambio	взамен	[vzamén]
a mano (fatto ~)	вручную	[vrutʃnúju]
poco probabile	вряд ли	[vrʲát lí]

probabilmente	наверное	[navérnɔe]
apposta	нарочно	[naróʃnɔ]
per caso	случайно	[slutʃájnɔ]

molto (avv)	очень	[ótʃenʲ]
per esempio	например	[naprimér]
fra (~ due)	между	[méʒdu]
fra (~ più di due)	среди	[sredí]
tanto (quantità)	столько	[stólʲkɔ]
soprattutto	особенно	[ɔsóbennɔ]

Concetti di base. Parte 2

16. Contrari

ricco (agg)	богатый	[bɔgátij]
povero (agg)	бедный	[bédnij]
malato (agg)	больной	[bɔlʲnój]
sano (agg)	здоровый	[zdɔróvij]
grande (agg)	большой	[bɔlʲʃój]
piccolo (agg)	маленький	[málenʲkij]
rapidamente	быстро	[bɨ̄strɔ]
lentamente	медленно	[médlenɔ]
veloce (agg)	быстрый	[bɨ̄strij]
lento (agg)	медленный	[médlenij]
allegro (agg)	весёлый	[vesǿlij]
triste (agg)	грустный	[grúsnij]
insieme	вместе	[vméste]
separatamente	отдельно	[ɔtdélʲnɔ]
ad alta voce (leggere ~)	вслух	[fslúh]
in silenzio	про себя	[prɔ sebʲá]
alto (agg)	высокий	[vɨsókij]
basso (agg)	низкий	[nískij]
profondo (agg)	глубокий	[glubókij]
basso (agg)	мелкий	[mélkij]
sì	да	[dá]
no	нет	[nét]
lontano (agg)	далёкий	[dalǿkij]
vicino (agg)	близкий	[blískij]
lontano (avv)	далеко	[dalekó]
vicino (avv)	рядом	[rʲádɔm]
lungo (agg)	длинный	[dlínnij]
corto (agg)	короткий	[kɔrótkij]
buono (agg)	добрый	[dóbrij]
cattivo (agg)	злой	[zlój]
sposato (agg)	женатый	[ʒenátij]

celibe (agg)	холостой	[hɔlɔstój]
vietare (vt)	запретить (св, пх)	[zapretítʲ]
permettere (vt)	разрешить (св, пх)	[razreʃítʲ]
fine (f)	конец (м)	[kɔnéʦ]
inizio (m)	начало (с)	[natʃálɔ]
sinistro (agg)	левый	[lévij]
destro (agg)	правый	[právij]
primo (agg)	первый	[pérvij]
ultimo (agg)	последний	[pɔslédnij]
delitto (m)	преступление (с)	[prestuplénie]
punizione (f)	наказание (с)	[nakazánie]
ordinare (vt)	приказать (св, пх)	[prikazátʲ]
obbedire (vi)	подчиниться (св, возв)	[pɔtʧinítsa]
dritto (agg)	прямой	[prɪmój]
curvo (agg)	кривой	[krivój]
paradiso (m)	рай (м)	[ráj]
inferno (m)	ад (м)	[ád]
nascere (vi)	родиться (св, возв)	[rɔdítsa]
morire (vi)	умереть (св, нпх)	[umerétʲ]
forte (agg)	сильный	[sílʲnij]
debole (agg)	слабый	[slábij]
vecchio (agg)	старый	[stárij]
giovane (agg)	молодой	[mɔlɔdój]
vecchio (agg)	старый	[stárij]
nuovo (agg)	новый	[nóvij]
duro (agg)	твёрдый	[tvǿrdij]
morbido (agg)	мягкий	[mʲáhkij]
caldo (agg)	тёплый	[tǿplij]
freddo (agg)	холодный	[hɔlódnij]
grasso (agg)	толстый	[tólstij]
magro (agg)	худой	[hudój]
stretto (agg)	узкий	[úskij]
largo (agg)	широкий	[ʃirókij]
buono (agg)	хороший	[hɔróʃij]
cattivo (agg)	плохой	[plɔhój]
valoroso (agg)	храбрый	[hrábrij]
codardo (agg)	трусливый	[truslívij]

17. Giorni della settimana

lunedì (m)	понедельник (м)	[ponedélʲnik]
martedì (m)	вторник (м)	[ftórnik]
mercoledì (m)	среда (ж)	[sredá]
giovedì (m)	четверг (м)	[tʃetvérg]
venerdì (m)	пятница (ж)	[pʲátnitsa]
sabato (m)	суббота (ж)	[subóta]
domenica (f)	воскресенье (c)	[voskresénje]
oggi (avv)	сегодня	[sevódnʲa]
domani	завтра	[záftra]
dopodomani	послезавтра	[poslezáftra]
ieri (avv)	вчера	[ftʃerá]
l'altro ieri	позавчера	[pozaftʃerá]
giorno (m)	день (м)	[dénʲ]
giorno (m) lavorativo	рабочий день (м)	[rabótʃij dénʲ]
giorno (m) festivo	празник (м)	[práznik]
giorno (m) di riposo	выходной день (м)	[vihodnój dénʲ]
fine (m) settimana	выходные (мн)	[vihodnīje]
tutto il giorno	весь день	[vesʲ dénʲ]
l'indomani	на следующий день	[na sléduʃij dénʲ]
due giorni fa	2 дня назад	[dvá dnʲá nazád]
il giorno prima	накануне	[nakanúne]
quotidiano (agg)	ежедневный	[eʒednévnij]
ogni giorno	ежедневно	[eʒednévno]
settimana (f)	неделя (ж)	[nedélʲa]
la settimana scorsa	на прошлой неделе	[na próʃloj nedéle]
la settimana prossima	на следующей неделе	[na sléduʃej nedéle]
settimanale (agg)	еженедельный	[eʒenedélʲnij]
ogni settimana	еженедельно	[eʒenedélʲno]
due volte alla settimana	2 раза в неделю	[dvá ráza v nedélʲu]
ogni martedì	каждый вторник	[káʒdij ftórnik]

18. Ore. Giorno e notte

mattina (f)	утро (c)	[útro]
di mattina	утром	[útrom]
mezzogiorno (m)	полдень (м)	[póldenʲ]
nel pomeriggio	после обеда	[pósle obéda]
sera (f)	вечер (м)	[vétʃer]
di sera	вечером	[vétʃerom]
notte (f)	ночь (ж)	[nótʃ]
di notte	ночью	[nótʃju]
mezzanotte (f)	полночь (ж)	[pólnotʃ]
secondo (m)	секунда (ж)	[sekúnda]
minuto (m)	минута (ж)	[minúta]
ora (f)	час (м)	[tʃás]

mezzora (f)	полчаса (мн)	[polʧasá]
un quarto d'ora	четверть (ж) часа	[ʧétvertʲ ʧása]
quindici minuti	15 минут	[pitnátsatʲ minút]
ventiquattro ore	сутки (мн)	[sútki]
levata (f) del sole	восход (м) солнца	[vɔsxód sónʦa]
alba (f)	рассвет (м)	[rasvét]
mattutino (m)	раннее утро (с)	[ránnee útrɔ]
tramonto (m)	закат (м)	[zakát]
di buon mattino	рано утром	[ránɔ útrɔm]
stamattina	сегодня утром	[sevódnʲa útrɔm]
domattina	завтра утром	[záftra útrɔm]
oggi pomeriggio	сегодня днём	[sevódnʲa dnǿm]
nel pomeriggio	после обеда	[pósle ɔbéda]
domani pomeriggio	завтра после обеда	[záftra pósle ɔbéda]
stasera	сегодня вечером	[sevódnʲa véʧerɔm]
domani sera	завтра вечером	[záftra veʧerɔm]
alle tre precise	ровно в 3 часа	[róvnɔ f trí ʧasá]
verso le quattro	около 4-х часов	[ókɔlɔ ʧetírǿh ʧasóf]
per le dodici	к 12-ти часам	[k dvenátsatí ʧasám]
fra venti minuti	через 20 минут	[ʧéres dvátsatʲ minút]
fra un'ora	через час	[ʧéres ʧás]
puntualmente	вовремя	[vóvremʲa]
un quarto di …	без четверти …	[bes ʧétverti …]
entro un'ora	в течение часа	[f tetʲénie ʧása]
ogni quindici minuti	каждые 15 минут	[káʒdie pitnátsatʲ minút]
giorno e notte	круглые сутки	[krúglie sútki]

19. Mesi. Stagioni

gennaio (m)	январь (м)	[jɪnvárʲ]
febbraio (m)	февраль (м)	[fevrálʲ]
marzo (m)	март (м)	[márt]
aprile (m)	апрель (м)	[aprélʲ]
maggio (m)	май (м)	[máj]
giugno (m)	июнь (м)	[ijúnʲ]
luglio (m)	июль (м)	[ijúlʲ]
agosto (m)	август (м)	[ávgust]
settembre (m)	сентябрь (м)	[sentʲábrʲ]
ottobre (m)	октябрь (м)	[ɔktʲábrʲ]
novembre (m)	ноябрь (м)	[nɔjábrʲ]
dicembre (m)	декабрь (м)	[dekábrʲ]
primavera (f)	весна (ж)	[vesná]
in primavera	весной	[vesnój]
primaverile (agg)	весенний	[vesénnij]
estate (f)	лето (с)	[létɔ]

in estate	летом	[létɔm]
estivo (agg)	летний	[létnij]
autunno (m)	осень (ж)	[ósenʲ]
in autunno	осенью	[ósenju]
autunnale (agg)	осенний	[ɔsénnij]
inverno (m)	зима (ж)	[zimá]
in inverno	зимой	[zimój]
invernale (agg)	зимний	[zímnij]
mese (m)	месяц (м)	[mésɪʦ]
questo mese	в этом месяце	[v ǽtɔm mésɪʦe]
il mese prossimo	в следующем месяце	[f sléduʃem mésɪʦe]
il mese scorso	в прошлом месяце	[f próʃlɔm mésɪʦe]
un mese fa	месяц назад	[mésɪʦ nazád]
fra un mese	через месяц	[ʧéres mésɪʦ]
fra due mesi	через 2 месяца	[ʧéres dvá mésɪʦa]
un mese intero	весь месяц	[vesʲ mésɪʦ]
per tutto il mese	целый месяц	[ʦǽlij mésɪʦ]
mensile (rivista ~)	ежемесячный	[eʒemésɪʧnij]
mensilmente	ежемесячно	[eʒemésɪʧnɔ]
ogni mese	каждый месяц	[káʒdij mésɪʦ]
due volte al mese	2 раза в месяц	[dvá ráza v mésɪʦ]
anno (m)	год (м)	[gód]
quest'anno	в этом году	[v ǽtɔm gɔdú]
l'anno prossimo	в следующем году	[f sléduʃem gɔdú]
l'anno scorso	в прошлом году	[f próʃlɔm gɔdú]
un anno fa	год назад	[gót nazád]
fra un anno	через год	[ʧéres gód]
fra due anni	через 2 года	[ʧéres dvá góda]
un anno intero	весь год	[vesʲ gód]
per tutto l'anno	целый год	[ʦǽlij gód]
ogni anno	каждый год	[káʒdij gód]
annuale (agg)	ежегодный	[eʒegódnij]
annualmente	ежегодно	[eʒegódnɔ]
quattro volte all'anno	4 раза в год	[ʧetíre ráza v gód]
data (f) (~ di oggi)	число (с)	[ʧisló]
data (f) (~ di nascita)	дата (ж)	[dáta]
calendario (m)	календарь (м)	[kalendárʲ]
mezz'anno (m)	полгода	[pɔlgóda]
semestre (m)	полугодие (с)	[pɔlugódie]
stagione (f) (estate, ecc.)	сезон (м)	[sezón]
secolo (m)	век (м)	[vék]

20. Orario. Varie

tempo (m)	время (с)	[vrémʲa]
istante (m)	миг (м)	[míg]

momento (m)	мгновение (c)	[mgnɔvénie]
istantaneo (agg)	мгновенный	[mgnɔvénnij]
periodo (m)	отрезок (м)	[ɔtrézɔk]
vita (f)	жизнь (ж)	[ʒĩznʲ]
eternità (f)	вечность (ж)	[vétʃnɔstʲ]

epoca (f)	эпоха (ж)	[ɛpóha]
era (f)	эра (ж)	[æra]
ciclo (m)	цикл (м)	[tsĩkl]
periodo (m)	период (м)	[períud]
scadenza (f)	срок (м)	[srók]

futuro (m)	будущее (c)	[búduʃee]
futuro (agg)	будущий	[búduʃij]
la prossima volta	в следующий раз	[f sléduʃij rás]
passato (m)	прошлое (c)	[próʃloe]
scorso (agg)	прошлый	[próʃlij]
la volta scorsa	в прошлый раз	[f próʃlij rás]
più tardi	позже	[póʒʒe]
dopo	после	[pósle]
oggigiorno	теперь	[tepérʲ]
adesso, ora	сейчас	[sejtʃás]
immediatamente	немедленно	[nemédlenɔ]
fra poco, presto	скоро	[skórɔ]
in anticipo	заранее	[zaránee]

tanto tempo fa	давно	[davnó]
di recente	недавно	[nedávnɔ]
destino (m)	судьба (ж)	[sutʲbá]
ricordi (m pl)	память (ж)	[pámɪtʲ]
archivio (m)	архив (м)	[arhíf]
durante ...	во время ...	[vɔ vrémʲa ...]
a lungo	долго	[dólgɔ]
per poco tempo	недолго	[nedólgɔ]
presto (al mattino ~)	рано	[ránɔ]
tardi (non presto)	поздно	[póznɔ]

per sempre	навсегда	[nafsegdá]
cominciare (vt)	начинать (нсв, пх)	[natʃinátʲ]
posticipare (vt)	перенести (св, пх)	[perenestí]

simultaneamente	одновременно	[ɔdnɔvreménnɔ]
tutto il tempo	постоянно	[pɔstɔjánnɔ]
costante (agg)	постоянный	[pɔstɔjánnij]
temporaneo (agg)	временный	[vrémennij]

a volte	иногда	[inɔgdá]
raramente	редко	[rétkɔ]
spesso (avv)	часто	[tʃástɔ]

21. Linee e forme

quadrato (m)	квадрат (м)	[kvadrát]
quadrato (agg)	квадратный	[kvadrátnij]

cerchio (m)	круг (м)	[krúg]
rotondo (agg)	круглый	[krúglij]
triangolo (m)	треугольник (м)	[treugólʲnik]
triangolare (agg)	треугольный	[treugólʲnij]

ovale (m)	овал (м)	[ɔvál]
ovale (agg)	овальный	[ɔválʲnij]
rettangolo (m)	прямоугольник (м)	[prɪmɔugólʲnik]
rettangolare (agg)	прямоугольный	[prɪmɔugólʲnij]

piramide (f)	пирамида (ж)	[piramída]
rombo (m)	ромб (м)	[rómp]
trapezio (m)	трапеция (ж)	[trapétsija]
cubo (m)	куб (м)	[kúb]
prisma (m)	призма (ж)	[prízma]

circonferenza (f)	окружность (ж)	[ɔkrúʒnɔstʲ]
sfera (f)	сфера (ж)	[sféra]
palla (f)	шар (м)	[ʃár]
diametro (m)	диаметр (м)	[diámetr]
raggio (m)	радиус (м)	[rádius]
perimetro (m)	периметр (м)	[perímetr]
centro (m)	центр (м)	[tsæntr]

orizzontale (agg)	горизонтальный	[gɔrizɔntálʲnij]
verticale (agg)	вертикальный	[vertikálʲnij]
parallela (f)	параллель (ж)	[paralélʲ]
parallelo (agg)	параллельный	[paralélʲnij]

linea (f)	линия (ж)	[línija]
tratto (m)	черта (ж)	[tʃertá]
linea (f) retta	прямая (ж)	[prɪmája]
linea (f) curva	кривая (ж)	[krivája]
sottile (uno strato ~)	тонкий	[tónkij]
contorno (m)	контур (м)	[kóntur]

intersezione (f)	пересечение (с)	[peresetʃénie]
angolo (m) retto	прямой угол (м)	[prɪmój úgɔl]
segmento	сегмент (м)	[segmént]
settore (m)	сектор (м)	[séktɔr]
lato (m)	сторона (ж)	[stɔrɔná]
angolo (m)	угол (м)	[úgɔl]

22. Unità di misura

peso (m)	вес (м)	[vés]
lunghezza (f)	длина (ж)	[dliná]
larghezza (f)	ширина (ж)	[ʃiriná]
altezza (f)	высота (ж)	[visɔtá]
profondità (f)	глубина (ж)	[glubiná]
volume (m)	объём (м)	[ɔbjóm]
area (f)	площадь (ж)	[plóʃʲatʲ]
grammo (m)	грамм (м)	[grám]
milligrammo (m)	миллиграмм (м)	[miligrám]

chilogrammo (m)	килограмм (м)	[kilográm]
tonnellata (f)	тонна (ж)	[tónna]
libbra (f)	фунт (м)	[fúnt]
oncia (f)	унция (ж)	[úntsija]

metro (m)	метр (м)	[métr]
millimetro (m)	миллиметр (м)	[milimétr]
centimetro (m)	сантиметр (м)	[santimétr]
chilometro (m)	километр (м)	[kilométr]
miglio (m)	миля (ж)	[mílʲa]

pollice (m)	дюйм (м)	[dʲújm]
piede (f)	фут (м)	[fút]
iarda (f)	ярд (м)	[járd]

metro (m) quadro	квадратный метр (м)	[kvadrátnij métr]
ettaro (m)	гектар (м)	[gektár]

litro (m)	литр (м)	[lítr]
grado (m)	градус (м)	[grádus]
volt (m)	вольт (м)	[vólʲt]
ampere (m)	ампер (м)	[ampér]
cavallo vapore (m)	лошадиная сила (ж)	[loʃidínaja síla]

quantità (f)	количество (с)	[kolítʃestvo]
un po' di …	немного …	[nemnógo …]
metà (f)	половина (ж)	[polovína]
dozzina (f)	дюжина (ж)	[dʲúʒina]
pezzo (m)	штука (ж)	[ʃtúka]

dimensione (f)	размер (м)	[razmér]
scala (f) (modello in ~)	масштаб (м)	[maʃtáb]

minimo (agg)	минимальный	[minimálʲnij]
minore (agg)	наименьший	[naiménʲʃij]
medio (agg)	средний	[srédnij]
massimo (agg)	максимальный	[maksimálʲnij]
maggiore (agg)	наибольший	[naibólʲʃij]

23. Contenitori

barattolo (m) di vetro	банка (ж)	[bánka]
latta, lattina (f)	банка (ж)	[bánka]
secchio (m)	ведро (с)	[vedró]
barile (m), botte (f)	бочка (ж)	[bótʃka]

catino (m)	таз (м)	[tás]
serbatoio (m) (per liquidi)	бак (м)	[bák]
fiaschetta (f)	фляжка (ж)	[flʲáʃka]
tanica (f)	канистра (ж)	[kanístra]
cisterna (f)	цистерна (ж)	[tsistǽrna]

tazza (f)	кружка (ж)	[krúʃka]
tazzina (f) (~ di caffé)	чашка (ж)	[tʃáʃka]

piattino (m)	блюдце (c)	[blʲútse]
bicchiere (m) (senza stelo)	стакан (м)	[stakán]
calice (m)	бокал (м)	[bokál]
casseruola (f)	кастрюля (ж)	[kastrʲúlʲa]

| bottiglia (f) | бутылка (ж) | [butĭlka] |
| collo (m) (~ della bottiglia) | горлышко (c) | [górliʃkɔ] |

caraffa (f)	графин (м)	[grafín]
brocca (f)	кувшин (м)	[kufʃĭn]
recipiente (m)	сосуд (м)	[sɔsúd]
vaso (m) di coccio	горшок (м)	[gɔrʃók]
vaso (m) di fiori	ваза (ж)	[váza]

boccetta (f) (~ di profumo)	флакон (м)	[flakón]
fiala (f)	пузырёк (м)	[puzirǿk]
tubetto (m)	тюбик (м)	[tʲúbik]

sacco (m) (~ di patate)	мешок (м)	[meʃók]
sacchetto (m) (~ di plastica)	пакет (м)	[pakét]
pacchetto (m) (~ di sigarette, ecc.)	пачка (ж)	[pátʃka]

scatola (f) (~ per scarpe)	коробка (ж)	[kɔrópka]
cassa (f) (~ di vino, ecc.)	ящик (м)	[jáʃik]
cesta (f)	корзина (ж)	[kɔrzína]

24. Materiali

materiale (m)	материал (м)	[materjál]
legno (m)	дерево (c)	[dérevɔ]
di legno	деревянный	[derevʲánnij]

| vetro (m) | стекло (c) | [steklÓ] |
| di vetro | стеклянный | [steklʲánnij] |

| pietra (f) | камень (м) | [kámenʲ] |
| di pietra | каменный | [kámennij] |

| plastica (f) | пластик (м) | [plástik] |
| di plastica | пластмассовый | [plastmásɔvij] |

| gomma (f) | резина (ж) | [rezína] |
| di gomma | резиновый | [rezínɔvij] |

| stoffa (f) | ткань (ж) | [tkánʲ] |
| di stoffa | из ткани | [is tkáni] |

| carta (f) | бумага (ж) | [bumága] |
| di carta | бумажный | [bumáʒnij] |

cartone (m)	картон (м)	[kartón]
di cartone	картонный	[kartónnij]
polietilene (m)	полиэтилен (м)	[pɔliɛtilén]

cellofan (m)	целлофан (м)	[tsɛlɔfán]
linoleum (m)	линолеум (м)	[linóleum]
legno (m) compensato	фанера (ж)	[fanéra]
porcellana (f)	фарфор (м)	[farfór]
di porcellana	фарфоровый	[farfórɔvij]
argilla (f)	глина (ж)	[glína]
d'argilla	глиняный	[glínınij]
ceramica (f)	керамика (ж)	[kerámika]
ceramico	керамический	[keramítʃeskij]

25. Metalli

metallo (m)	металл (м)	[metál]
metallico	металлический	[metalítʃeskij]
lega (f)	сплав (м)	[spláf]
oro (m)	золото (с)	[zólɔtɔ]
d'oro	золотой	[zɔlɔtój]
argento (m)	серебро (с)	[serebró]
d'argento	серебряный	[serébrɪnij]
ferro (m)	железо (с)	[ʒelézɔ]
di ferro	железный	[ʒeléznij]
acciaio (m)	сталь (ж)	[stálʲ]
d'acciaio	стальной	[stalʲnój]
rame (m)	медь (ж)	[métʲ]
di rame	медный	[médnij]
alluminio (m)	алюминий (м)	[alʲumínij]
di alluminio, alluminico	алюминиевый	[alʲumínievij]
bronzo (m)	бронза (ж)	[brónza]
di bronzo	бронзовый	[brónzɔvij]
ottone (m)	латунь (ж)	[latúnʲ]
nichel (m)	никель (м)	[níkelʲ]
platino (m)	платина (ж)	[plátina]
mercurio (m)	ртуть (ж)	[rtútʲ]
stagno (m)	олово (с)	[ólɔvɔ]
piombo (m)	свинец (м)	[svinéts]
zinco (m)	цинк (м)	[tsĩnk]

ESSERE UMANO

Essere umano. Il corpo umano

26. L'uomo. Concetti di base

uomo (m) (essere umano)	человек (м)	[ʧelɔvék]
uomo (m) (adulto maschio)	мужчина (м)	[muʃína]
donna (f)	женщина (ж)	[ʒǽnʃina]
bambino (m) (figlio)	ребёнок (м)	[rebǿnɔk]
bambina (f)	девочка (ж)	[dévɔʧka]
bambino (m)	мальчик (м)	[málʲʧik]
adolescente (m, f)	подросток (м)	[pɔdróstɔk]
vecchio (m)	старик (м)	[starík]
vecchia (f)	старая женщина (ж)	[stáraja ʒǽnʃina]

27. Anatomia umana

organismo (m)	организм (м)	[ɔrganízm]
cuore (m)	сердце (с)	[sérʦe]
sangue (m)	кровь (ж)	[krófʲ]
arteria (f)	артерия (ж)	[artǽrija]
vena (f)	вена (ж)	[véna]
cervello (m)	мозг (м)	[mósg]
nervo (m)	нерв (м)	[nérf]
nervi (m pl)	нервы (мн)	[nérvi]
vertebra (f)	позвонок (м)	[pɔzvɔnók]
colonna (f) vertebrale	позвоночник (м)	[pɔzvɔnóʧnik]
stomaco (m)	желудок (м)	[ʒelúdɔk]
intestini (m pl)	кишечник (м)	[kiʃǽtʧnik]
intestino (m)	кишка (ж)	[kiʃká]
fegato (m)	печень (ж)	[péʧenʲ]
rene (m)	почка (ж)	[póʧka]
osso (m)	кость (ж)	[kóstʲ]
scheletro (m)	скелет (м)	[skelét]
costola (f)	ребро (с)	[rebró]
cranio (m)	череп (м)	[ʧérep]
muscolo (m)	мышца (ж)	[mīʃtsa]
bicipite (m)	бицепс (м)	[bítsɛps]
tricipite (m)	трицепс (м)	[trítsɛps]
tendine (m)	сухожилие (с)	[suhɔʒīlie]
articolazione (f)	сустав (м)	[sustáf]

polmoni (m pl)	лёгкие (мн)	[lǿhkie]
genitali (m pl)	половые органы (мн)	[polovīe órgani]
pelle (f)	кожа (ж)	[kóʒa]

28. Testa

testa (f)	голова (ж)	[golová]
viso (m)	лицо (с)	[litsó]
naso (m)	нос (м)	[nós]
bocca (f)	рот (м)	[rót]

occhio (m)	глаз (м)	[glás]
occhi (m pl)	глаза (мн)	[glazá]
pupilla (f)	зрачок (м)	[zratʃók]
sopracciglio (m)	бровь (ж)	[brófʲ]
ciglio (m)	ресница (ж)	[resnítsa]
palpebra (f)	веко (с)	[véko]

lingua (f)	язык (м)	[jızīk]
dente (m)	зуб (м)	[zúb]
labbra (f pl)	губы (мн)	[gúbi]
zigomi (m pl)	скулы (мн)	[skúli]
gengiva (f)	десна (ж)	[desná]
palato (m)	нёбо (с)	[nǿbo]

narici (f pl)	ноздри (мн)	[nózdri]
mento (m)	подбородок (м)	[podboródok]
mascella (f)	челюсть (ж)	[tʃélʲustʲ]
guancia (f)	щека (ж)	[ʃʲeká]

fronte (f)	лоб (м)	[lób]
tempia (f)	висок (м)	[visók]
orecchio (m)	ухо (с)	[úho]
nuca (f)	затылок (м)	[zatīlok]
collo (m)	шея (ж)	[ʃǽja]
gola (f)	горло (с)	[górlo]

capelli (m pl)	волосы (мн)	[vólosi]
pettinatura (f)	причёска (ж)	[pritʃóska]
taglio (m)	стрижка (ж)	[stríʃka]
parrucca (f)	парик (м)	[parík]

baffi (m pl)	усы (м мн)	[usī]
barba (f)	борода (ж)	[borodá]
portare (~ la barba, ecc.)	носить (нсв, пх)	[nosítʲ]
treccia (f)	коса (ж)	[kosá]
basette (f pl)	бакенбарды (мн)	[bakenbárdi]

rosso (agg)	рыжий	[rīʒij]
brizzolato (agg)	седой	[sedój]
calvo (agg)	лысый	[līsij]
calvizie (f)	лысина (ж)	[līsina]
coda (f) di cavallo	хвост (м)	[hvóst]
frangetta (f)	чёлка (ж)	[tʃólka]

29. Corpo umano

mano (f)	кисть (ж)	[kístʲ]
braccio (m)	рука (ж)	[ruká]

dito (m)	палец (м)	[pálets]
pollice (m)	большой палец (м)	[bɔlʲʃój pálets]
mignolo (m)	мизинец (м)	[mizínets]
unghia (f)	ноготь (м)	[nógotʲ]

pugno (m)	кулак (м)	[kulák]
palmo (m)	ладонь (ж)	[ladónʲ]
polso (m)	запястье (с)	[zapʲástje]
avambraccio (m)	предплечье (с)	[pretplétʃje]
gomito (m)	локоть (м)	[lókɔtʲ]
spalla (f)	плечо (с)	[pletʃó]

gamba (f)	нога (ж)	[nɔgá]
pianta (f) del piede	ступня (ж)	[stupnʲá]
ginocchio (m)	колено (с)	[kɔlénɔ]
polpaccio (m)	икра (ж)	[ikrá]
anca (f)	бедро (с)	[bedró]
tallone (m)	пятка (ж)	[pʲátka]

corpo (m)	тело (с)	[télɔ]
pancia (f)	живот (м)	[ʒivót]
petto (m)	грудь (ж)	[grútʲ]
seno (m)	грудь (ж)	[grútʲ]
fianco (m)	бок (м)	[bók]
schiena (f)	спина (ж)	[spiná]
zona (f) lombare	поясница (ж)	[pɔjisnítsa]
vita (f)	талия (ж)	[tálija]

ombelico (m)	пупок (м)	[pupók]
natiche (f pl)	ягодицы (мн)	[jágɔditsi]
sedere (m)	зад (м)	[zád]

neo (m)	родинка (ж)	[ródinka]
voglia (f) (~ di fragola)	родимое пятно (с)	[rɔdímɔe pɪtnó]
tatuaggio (m)	татуировка (ж)	[tatuirófka]
cicatrice (f)	шрам (м)	[ʃrám]

Abbigliamento e Accessori

30. Indumenti. Soprabiti

vestiti (m pl)	одежда (ж)	[ɔdéʒda]
soprabito (m)	верхняя одежда (ж)	[vérhnʲaja ɔdéʒda]
abiti (m pl) invernali	зимняя одежда (ж)	[zímnʲaja ɔdéʒda]
cappotto (m)	пальто (с)	[palʲtó]
pelliccia (f)	шуба (ж)	[ʃúba]
pellicciotto (m)	полушубок (м)	[pɔluʃúbɔk]
piumino (m)	пуховик (м)	[puhɔvík]
giubbotto (m), giaccha (f)	куртка (ж)	[kúrtka]
impermeabile (m)	плащ (м)	[pláʃ]
impermeabile (agg)	непромокаемый	[neprɔmɔkáemij]

31. Abbigliamento uomo e donna

camicia (f)	рубашка (ж)	[rubáʃka]
pantaloni (m pl)	брюки (мн)	[brʲúki]
jeans (m pl)	джинсы (мн)	[dʒīnsi]
giacca (f) (~ di tweed)	пиджак (м)	[pidʒák]
abito (m) da uomo	костюм (м)	[kɔstʲúm]
abito (m)	платье (с)	[plátje]
gonna (f)	юбка (ж)	[júpka]
camicetta (f)	блузка (ж)	[blúska]
giacca (f) a maglia	кофта (ж)	[kófta]
giacca (f) tailleur	жакет (м)	[ʒakét]
maglietta (f)	футболка (ж)	[futbólka]
pantaloni (m pl) corti	шорты (мн)	[ʃórtʲi]
tuta (f) sportiva	спортивный костюм (м)	[spɔrtívnij kɔstʲúm]
accappatoio (m)	халат (м)	[halát]
pigiama (m)	пижама (ж)	[piʒáma]
maglione (m)	свитер (м)	[svítɛr]
pullover (m)	пуловер (м)	[pulóver]
gilè (m)	жилет (м)	[ʒɨlét]
frac (m)	фрак (м)	[frák]
smoking (m)	смокинг (м)	[smóking]
uniforme (f)	форма (ж)	[fórma]
tuta (f) da lavoro	рабочая одежда (ж)	[rabóʧaja ɔdéʒda]
salopette (f)	комбинезон (м)	[kɔmbinezón]
camice (m) (~ del dottore)	халат (м)	[halát]

32. Abbigliamento. Biancheria intima

biancheria (f) intima	бельё (c)	[beljǿ]
boxer (m pl)	трусы (м)	[trusī]
mutandina (f)	бельё (c)	[beljǿ]
maglietta (f) intima	майка (ж)	[májka]
calzini (m pl)	носки (мн)	[nɔskí]

camicia (f) da notte	ночная рубашка (ж)	[nɔtʃnája rubáʃka]
reggiseno (m)	бюстгальтер (м)	[bʲusgálʲter]
calzini (m pl) alti	гольфы (мн)	[gólʲfi]
collant (m)	колготки (мн)	[kɔlgótki]
calze (f pl)	чулки (мн)	[tʃʲulkí]
costume (m) da bagno	купальник (м)	[kupálʲnik]

33. Copricapo

cappello (m)	шапка (ж)	[ʃápka]
cappello (m) di feltro	шляпа (ж)	[ʃlʲápa]
cappello (m) da baseball	бейсболка (ж)	[bejzbólka]
coppola (f)	кепка (ж)	[képka]

basco (m)	берет (м)	[berét]
cappuccio (m)	капюшон (м)	[kapʲuʃón]
panama (m)	панамка (ж)	[panámka]
berretto (m) a maglia	вязаная шапочка (ж)	[vʲázanaja ʃápotʃka]

fazzoletto (m) da capo	платок (м)	[platók]
cappellino (m) donna	шляпка (ж)	[ʃlʲápka]

casco (m) (~ di sicurezza)	каска (ж)	[káska]
bustina (f)	пилотка (ж)	[pilótka]
casco (m) (~ moto)	шлем (м)	[ʃlém]

bombetta (f)	котелок (м)	[kɔtelók]
cilindro (m)	цилиндр (м)	[tsilíndr]

34. Calzature

calzature (f pl)	обувь (ж)	[óbufʲ]
stivaletti (m pl)	ботинки (мн)	[botínki]
scarpe (f pl)	туфли (мн)	[túfli]
stivali (m pl)	сапоги (мн)	[sapɔgí]
pantofole (f pl)	тапочки (мн)	[tápotʃki]

scarpe (f pl) da tennis	кроссовки (мн)	[krɔsófki]
scarpe (f pl) da ginnastica	кеды (мн)	[kédi]
sandali (m pl)	сандалии (мн)	[sandálii]

calzolaio (m)	сапожник (м)	[sapóʒnik]
tacco (m)	каблук (м)	[kablúk]

paio (m)	пара (ж)	[pára]
laccio (m)	шнурок (м)	[ʃnurók]
allacciare (vt)	шнуровать (нсв, пх)	[ʃnurɔvátʲ]
calzascarpe (m)	рожок (м)	[rɔʒók]
lucido (m) per le scarpe	крем (м) для обуви	[krém dlʲa óbuvi]

35. Tessuti. Stoffe

cotone (m)	хлопок (м)	[hlópɔk]
di cotone	из хлопка	[is hlópka]
lino (m)	лён (м)	[lǿn]
di lino	из льна	[iz lʲná]

seta (f)	шёлк (м)	[ʃólk]
di seta	шёлковый	[ʃólkɔvɨj]
lana (f)	шерсть (ж)	[ʃǽrstʲ]
di lana	шерстяной	[ʃɛrstɪnój]

velluto (m)	бархат (м)	[bárhat]
camoscio (m)	замша (ж)	[zámʃa]
velluto (m) a coste	вельвет (м)	[velʲvét]

nylon (m)	нейлон (м)	[nejlón]
di nylon	из нейлона	[iz nejlóna]
poliestere (m)	полиэстер (м)	[pɔliǽstɛr]
di poliestere	полиэстровый	[pɔliǽstrɔvɨj]

pelle (f)	кожа (ж)	[kóʒa]
di pelle	из кожи	[is kóʒʲ]
pelliccia (f)	мех (м)	[méh]
di pelliccia	меховой	[mehɔvój]

36. Accessori personali

guanti (m pl)	перчатки (ж мн)	[pertʃátki]
manopole (f pl)	варежки (ж мн)	[váreʃki]
sciarpa (f)	шарф (м)	[ʃárf]

occhiali (m pl)	очки (мн)	[ɔtʃkí]
montatura (f)	оправа (ж)	[ɔpráva]
ombrello (m)	зонт (м)	[zónt]
bastone (m)	трость (ж)	[tróstʲ]
spazzola (f) per capelli	щётка (ж) для волос	[ʃʲǿtka dlʲa vɔlós]
ventaglio (m)	веер (м)	[véer]

cravatta (f)	галстук (м)	[gálstuk]
cravatta (f) a farfalla	галстук-бабочка (м)	[gálstuk-bábɔtʃka]
bretelle (f pl)	подтяжки (мн)	[pɔttʲáʃki]
fazzoletto (m)	носовой платок (м)	[nɔsɔvój platók]

pettine (m)	расчёска (ж)	[raʃǿska]
fermaglio (m)	заколка (ж)	[zakólka]

| forcina (f) | шпилька (ж) | [ʃpílʲka] |
| fibbia (f) | пряжка (ж) | [prʲáʃka] |

| cintura (f) | пояс (м) | [pójas] |
| spallina (f) | ремень (м) | [reménʲ] |

borsa (f)	сумка (ж)	[súmka]
borsetta (f)	сумочка (ж)	[súmɔtʃka]
zaino (m)	рюкзак (м)	[rʲukzák]

37. Abbigliamento. Varie

moda (f)	мода (ж)	[móda]
di moda	модный	[módnij]
stilista (m)	модельер (м)	[mɔdɛljér]

collo (m)	воротник (м)	[vɔrɔtník]
tasca (f)	карман (м)	[karmán]
tascabile (agg)	карманный	[karmánnij]
manica (f)	рукав (м)	[rukáf]
asola (f) per appendere	вешалка (ж)	[véʃəlka]
patta (f) (~ dei pantaloni)	ширинка (ж)	[ʃirínka]

cerniera (f) lampo	молния (ж)	[mólnija]
chiusura (f)	застёжка (ж)	[zastǿʃka]
bottone (m)	пуговица (ж)	[púgɔvitsa]
occhiello (m)	петля (ж)	[petlʲá]
staccarsi (un bottone)	оторваться (св, возв)	[ɔtɔrvátsa]

cucire (vi, vt)	шить (нсв, н/пх)	[ʃítʲ]
ricamare (vi, vt)	вышивать (нсв, н/пх)	[viʃivátʲ]
ricamo (m)	вышивка (ж)	[vɨʃifka]
ago (m)	иголка (ж)	[igólka]
filo (m)	нитка (ж)	[nítka]
cucitura (f)	шов (м)	[ʃóf]

sporcarsi (vr)	испачкаться (св, возв)	[ispátʃkatsa]
macchia (f)	пятно (с)	[pɪtnó]
sgualcirsi (vr)	помяться (нсв, возв)	[pɔmʲátsa]
strappare (vt)	порвать (св, пх)	[pɔrvátʲ]
tarma (f)	моль (м)	[mólʲ]

38. Cura della persona. Cosmetici

dentifricio (m)	зубная паста (ж)	[zubnája pásta]
spazzolino (m) da denti	зубная щётка (ж)	[zubnája ʃǿtka]
lavarsi i denti	чистить зубы	[tʃístitʲ zúbi]

rasoio (m)	бритва (ж)	[brítva]
crema (f) da barba	крем (м) для бритья	[krém dlʲa britjá]
rasarsi (vr)	бриться (нсв, возв)	[brítsa]
sapone (m)	мыло (с)	[mīlɔ]

shampoo (m)	шампунь (м)	[ʃampúnʲ]
forbici (f pl)	ножницы (мн)	[nóʒnitsi]
limetta (f)	пилочка (ж) для ногтей	[pílɔtʃka dlʲa nɔktéj]
tagliaunghie (m)	щипчики (мн)	[ʃʲíptʃiki]
pinzette (f pl)	пинцет (м)	[pintsǽt]

cosmetica (f)	косметика (ж)	[kɔsmétika]
maschera (f) di bellezza	маска (ж)	[máska]
manicure (m)	маникюр (м)	[manikʲúr]
fare la manicure	делать маникюр	[délatʲ manikʲúr]
pedicure (m)	педикюр (м)	[pedikʲúr]

borsa (f) del trucco	косметичка (ж)	[kɔsmetítʃka]
cipria (f)	пудра (ж)	[púdra]
portacipria (m)	пудреница (ж)	[púdrenitsa]
fard (m)	румяна (ж)	[rumʲána]

profumo (m)	духи (мн)	[duhí]
acqua (f) da toeletta	туалетная вода (ж)	[tualétnaja vɔdá]
lozione (f)	лосьон (м)	[lɔsjón]
acqua (f) di Colonia	одеколон (м)	[ɔdekɔlón]

ombretto (m)	тени (мн) для век	[téni dlʲa vék]
eyeliner (m)	карандаш (м) для глаз	[karandáʃ dlʲa glás]
mascara (m)	тушь (ж)	[túʃ]

rossetto (m)	губная помада (ж)	[gubnája pɔmáda]
smalto (m)	лак (м) для ногтей	[lák dlʲa nɔktéj]
lacca (f) per capelli	лак (м) для волос	[lák dlʲa vɔlós]
deodorante (m)	дезодорант (м)	[dezɔdɔránt]

crema (f)	крем (м)	[krém]
crema (f) per il viso	крем (м) для лица	[krém dlʲa litsá]
crema (f) per le mani	крем (м) для рук	[krém dlʲa rúk]
crema (f) antirughe	крем (м) против морщин	[krém prótif mɔrʃín]
crema (f) da giorno	дневной крем (м)	[dnevnój krém]
crema (f) da notte	ночной крем (м)	[nɔtʃnój krém]
da giorno	дневной	[dnevnój]
da notte	ночной	[nɔtʃnój]

tampone (m)	тампон (м)	[tampón]
carta (f) igienica	туалетная бумага (ж)	[tualétnaja bumága]
fon (m)	фен (м)	[fén]

39. Gioielli

gioielli (m pl)	драгоценности (мн)	[dragɔtsǽnnɔsti]
prezioso (agg)	драгоценный	[dragɔtsǽnnij]
marchio (m)	проба (ж)	[próba]

anello (m)	кольцо (с)	[kɔlʲtsó]
anello (m) nuziale	обручальное кольцо (с)	[ɔbrutʃálʲnɔe kɔlʲtsó]
braccialetto (m)	браслет (м)	[braslét]
orecchini (m pl)	серьги (мн)	[sérʲgi]

collana (f)	ожерелье (c)	[ɔʒerélje]
corona (f)	корона (ж)	[koróna]
perline (f pl)	бусы (мн)	[búsi]

diamante (m)	бриллиант (м)	[briljánt]
smeraldo (m)	изумруд (м)	[izumrúd]
rubino (m)	рубин (м)	[rubín]
zaffiro (m)	сапфир (м)	[sapfír]
perle (f pl)	жемчуг (м)	[ʒǽmtʃʲug]
ambra (f)	янтарь (м)	[jintárʲ]

40. Orologi da polso. Orologio

orologio (m) (~ da polso)	часы (мн)	[tʃasī]
quadrante (m)	циферблат (м)	[tsiferblát]
lancetta (f)	стрелка (ж)	[strélka]
braccialetto (m)	браслет (м)	[braslét]
cinturino (m)	ремешок (м)	[remeʃók]

pila (f)	батарейка (ж)	[bataréjka]
essere scarico	сесть (св, нпх)	[séstʲ]
cambiare la pila	поменять батарейку	[pomenʲátʲ bataréjku]
andare avanti	спешить (нсв, нпх)	[speʃītʲ]
andare indietro	отставать (нсв, нпх)	[otstavátʲ]

orologio (m) da muro	настенные часы (мн)	[nasténnie tʃasī]
clessidra (f)	песочные часы (мн)	[pesótʃnie tʃasī]
orologio (m) solare	солнечные часы (мн)	[sólnetʃnie tʃasī]
sveglia (f)	будильник (м)	[budílʲnik]
orologiaio (m)	часовщик (м)	[tʃasofʃʲík]
riparare (vt)	ремонтировать (нсв, пх)	[remontírovatʲ]

Cibo. Alimentazione

41. Cibo

carne (f)	мясо (c)	[mʲásɔ]
pollo (m)	курица (ж)	[kúritsa]
pollo (m) novello	цыплёнок (м)	[tsiplǿnɔk]
anatra (f)	утка (ж)	[útka]
oca (f)	гусь (м)	[gúsʲ]
cacciagione (f)	дичь (ж)	[dítʃ]
tacchino (m)	индейка (ж)	[indéjka]
maiale (m)	свинина (ж)	[svinína]
vitello (m)	телятина (ж)	[telʲátina]
agnello (m)	баранина (ж)	[baránina]
manzo (m)	говядина (ж)	[gɔvʲádina]
coniglio (m)	кролик (м)	[królik]
salame (m)	колбаса (ж)	[kɔlbasá]
w?rstel (m)	сосиска (ж)	[sɔsíska]
pancetta (f)	бекон (м)	[bekón]
prosciutto (m)	ветчина (ж)	[vettʃiná]
prosciutto (m) affumicato	окорок (м)	[ókɔrɔk]
pâté (m)	паштет (м)	[paʃtét]
fegato (m)	печень (ж)	[pétʃenʲ]
carne (f) trita	фарш (м)	[fárʃ]
lingua (f)	язык (м)	[jɪzík]
uovo (m)	яйцо (c)	[jɪjtsó]
uova (f pl)	яйца (мн)	[jájtsa]
albume (m)	белок (м)	[belók]
tuorlo (m)	желток (м)	[ʒeltók]
pesce (m)	рыба (ж)	[rȋba]
frutti (m pl) di mare	морепродукты (мн)	[mɔre·prɔdúkti]
crostacei (m pl)	ракообразные (мн)	[rakɔɔbráznie]
caviale (m)	икра (ж)	[ikrá]
granchio (m)	краб (м)	[kráb]
gamberetto (m)	креветка (ж)	[krevétka]
ostrica (f)	устрица (ж)	[ústritsa]
aragosta (f)	лангуст (м)	[langúst]
polpo (m)	осьминог (м)	[ɔsʲminóg]
calamaro (m)	кальмар (м)	[kalʲmár]
storione (m)	осетрина (ж)	[ɔsetrína]
salmone (m)	лосось (м)	[lɔsósʲ]
ippoglosso (m)	палтус (м)	[páltus]
merluzzo (m)	треска (ж)	[treská]

scombro (m)	скумбрия (ж)	[skúmbrija]
tonno (m)	тунец (м)	[tunéts]
anguilla (f)	угорь (м)	[úgorʲ]
trota (f)	форель (ж)	[forǽlʲ]
sardina (f)	сардина (ж)	[sardína]
luccio (m)	щука (ж)	[ʃʲúka]
aringa (f)	сельдь (ж)	[sélʲtʲ]
pane (m)	хлеб (м)	[hléb]
formaggio (m)	сыр (м)	[sɨr]
zucchero (m)	сахар (м)	[sáhar]
sale (m)	соль (ж)	[sólʲ]
riso (m)	рис (м)	[rís]
pasta (f)	макароны (мн)	[makaróni]
tagliatelle (f pl)	лапша (ж)	[lapʃá]
burro (m)	сливочное масло (с)	[slívotʃnoe máslo]
olio (m) vegetale	растительное масло (с)	[rastítelʲnoe máslo]
olio (m) di girasole	подсолнечное масло (с)	[potsólnetʃnoe máslo]
margarina (f)	маргарин (м)	[margarín]
olive (f pl)	оливки (мн)	[olífki]
olio (m) d'oliva	оливковое масло (с)	[olífkovoe máslo]
latte (m)	молоко (с)	[molokó]
latte (m) condensato	сгущённое молоко (с)	[sguʃǿnoe molokó]
yogurt (m)	йогурт (м)	[jógurt]
panna (f) acida	сметана (ж)	[smetána]
panna (f)	сливки (мн)	[slífki]
maionese (m)	майонез (м)	[majinǽs]
crema (f)	крем (м)	[krém]
cereali (m pl)	крупа (ж)	[krupá]
farina (f)	мука (ж)	[muká]
cibi (m pl) in scatola	консервы (мн)	[konsérvi]
fiocchi (m pl) di mais	кукурузные хлопья (мн)	[kukurúznie hlópja]
miele (m)	мёд (м)	[mǿd]
marmellata (f)	джем, конфитюр (м)	[dʒǽm], [konfitʲúr]
gomma (f) da masticare	жевательная резинка (м)	[ʒevátelʲnaja rezínka]

42. Bevande

acqua (f)	вода (ж)	[vodá]
acqua (f) potabile	питьевая вода (ж)	[pitjevája vodá]
acqua (f) minerale	минеральная вода (ж)	[minerálʲnaja vodá]
liscia (non gassata)	без газа	[bez gáza]
gassata (agg)	газированная	[gazoróvanaja]
frizzante (agg)	с газом	[s gázom]
ghiaccio (m)	лёд (м)	[lǿd]

con ghiaccio	со льдом	[so lʲdóm]
analcolico (agg)	безалкогольный	[bezalkɔgólʲnij]
bevanda (f) analcolica	безалкогольный напиток (m)	[bezalkɔgólʲnij napítɔk]
bibita (f)	прохладительный напиток (m)	[prɔhladítelʲnij napítɔk]
limonata (f)	лимонад (m)	[limɔnád]
bevande (f pl) alcoliche	алкогольные напитки (мн)	[alkɔgólʲnie napítki]
vino (m)	вино (c)	[vinó]
vino (m) bianco	белое вино (c)	[bélɔe vinó]
vino (m) rosso	красное вино (c)	[krásnɔe vinó]
liquore (m)	ликёр (m)	[likǿr]
champagne (m)	шампанское (c)	[ʃampánskɔe]
vermouth (m)	вермут (m)	[vérmut]
whisky	виски (c)	[víski]
vodka (f)	водка (ж)	[vótka]
gin (m)	джин (m)	[dʒīn]
cognac (m)	коньяк (m)	[kɔnják]
rum (m)	ром (m)	[róm]
caffè (m)	кофе (m)	[kófe]
caffè (m) nero	чёрный кофе (m)	[ʧórnij kófe]
caffè latte (m)	кофе (m) с молоком	[kófe s mɔlɔkóm]
cappuccino (m)	кофе (m) со сливками	[kófe sɔ slífkami]
caffè (m) solubile	растворимый кофе (m)	[rastvɔrímij kófe]
latte (m)	молоко (c)	[mɔlɔkó]
cocktail (m)	коктейль (m)	[kɔktǽjlʲ]
frullato (m)	молочный коктейль (m)	[mɔlóʧnij kɔktǽjlʲ]
succo (m)	сок (m)	[sók]
succo (m) di pomodoro	томатный сок (m)	[tɔmátnij sók]
succo (m) d'arancia	апельсиновый сок (m)	[apelʲsínɔvij sók]
spremuta (f)	свежевыжатый сок (m)	[sveʒe·vīʒatij sók]
birra (f)	пиво (c)	[pívɔ]
birra (f) chiara	светлое пиво (c)	[svétlɔe pívɔ]
birra (f) scura	тёмное пиво (c)	[tǿmnɔe pívɔ]
tè (m)	чай (m)	[ʧáj]
tè (m) nero	чёрный чай (m)	[ʧórnij ʧáj]
tè (m) verde	зелёный чай (m)	[zelǿnij ʧáj]

43. Verdure

ortaggi (m pl)	овощи (м мн)	[óvɔʃi]
verdura (f)	зелень (ж)	[zélenʲ]
pomodoro (m)	помидор (m)	[pɔmidór]
cetriolo (m)	огурец (m)	[ɔguréts]
carota (f)	морковь (ж)	[mɔrkófʲ]

patata (f)	картофель (м)	[kartófelʲ]
cipolla (f)	лук (м)	[lúk]
aglio (m)	чеснок (м)	[tʃesnók]

cavolo (m)	капуста (ж)	[kapústa]
cavolfiore (m)	цветная капуста (ж)	[tsvetnája kapústa]
cavoletti (m pl) di Bruxelles	брюссельская капуста (ж)	[brʲusélʲskaja kapústa]
broccolo (m)	капуста брокколи (ж)	[kapústa brókɔli]

barbabietola (f)	свёкла (ж)	[svǿkla]
melanzana (f)	баклажан (м)	[baklaʒán]
zucchina (f)	кабачок (м)	[kabatʃók]
zucca (f)	тыква (ж)	[tɨ̄kva]
rapa (f)	репа (ж)	[répa]

prezzemolo (m)	петрушка (ж)	[petrúʃka]
aneto (m)	укроп (м)	[ukróp]
lattuga (f)	салат (м)	[salát]
sedano (m)	сельдерей (м)	[selʲderéj]
asparago (m)	спаржа (ж)	[spárʒa]
spinaci (m pl)	шпинат (м)	[ʃpinát]

pisello (m)	горох (м)	[gɔróh]
fave (f pl)	бобы (мн)	[bɔbɨ̄]
mais (m)	кукуруза (ж)	[kukurúza]
fagiolo (m)	фасоль (ж)	[fasólʲ]

peperone (m)	перец (м)	[pérets]
ravanello (m)	редис (м)	[redís]
carciofo (m)	артишок (м)	[artiʃók]

44. Frutta. Noci

frutto (m)	фрукт (м)	[frúkt]
mela (f)	яблоко (с)	[jáblɔkɔ]
pera (f)	груша (ж)	[grúʃa]
limone (m)	лимон (м)	[limón]
arancia (f)	апельсин (м)	[apelʲsín]
fragola (f)	клубника (ж)	[klubníka]

mandarino (m)	мандарин (м)	[mandarín]
prugna (f)	слива (ж)	[slíva]
pesca (f)	персик (м)	[pérsik]
albicocca (f)	абрикос (м)	[abrikós]
lampone (m)	малина (ж)	[malína]
ananas (m)	ананас (м)	[ananás]

banana (f)	банан (м)	[banán]
anguria (f)	арбуз (м)	[arbús]
uva (f)	виноград (м)	[vinɔgrád]
amarena (f)	вишня (ж)	[víʃnʲa]
ciliegia (f)	черешня (ж)	[tʃeréʃnʲa]
melone (m)	дыня (ж)	[dɨ̄nʲa]
pompelmo (m)	грейпфрут (м)	[gréjpfrut]

avocado (m)	авокадо (c)	[avɔkádɔ]
papaia (f)	папайя (ж)	[papája]
mango (m)	манго (c)	[mángɔ]
melagrana (f)	гранат (м)	[granát]

ribes (m) rosso	красная смородина (ж)	[krásnaja smɔródina]
ribes (m) nero	чёрная смородина (ж)	[ʧórnaja smɔródina]
uva (f) spina	крыжовник (м)	[kriʒóvnik]
mirtillo (m)	черника (ж)	[ʧerníka]
mora (f)	ежевика (ж)	[eʒevíka]

uvetta (f)	изюм (м)	[izʲúm]
fico (m)	инжир (м)	[inʒĭr]
dattero (m)	финик (м)	[fínik]

arachide (f)	арахис (м)	[aráhis]
mandorla (f)	миндаль (м)	[mindálʲ]
noce (f)	грецкий орех (м)	[grétskij ɔréh]
nocciola (f)	лесной орех (м)	[lesnój ɔréh]
noce (f) di cocco	кокосовый орех (м)	[kɔkósɔvij ɔréh]
pistacchi (m pl)	фисташки (мн)	[fistáʃki]

45. Pane. Dolci

pasticceria (f)	кондитерские изделия (мн)	[kɔndíterskie izdélija]
pane (m)	хлеб (м)	[hléb]
biscotti (m pl)	печенье (c)	[peʧénje]

cioccolato (m)	шоколад (м)	[ʃɔkɔlád]
al cioccolato (agg)	шоколадный	[ʃɔkɔládnij]
caramella (f)	конфета (ж)	[kɔnféta]
tortina (f)	пирожное (c)	[piróʒnɔe]
torta (f)	торт (м)	[tórt]

crostata (f)	пирог (м)	[piróg]
ripieno (m)	начинка (ж)	[naʧínka]

marmellata (f)	варенье (c)	[varénje]
marmellata (f) di agrumi	мармелад (м)	[marmelád]
wafer (m)	вафли (мн)	[váfli]
gelato (m)	мороженое (c)	[mɔróʒenɔe]
budino (m)	пудинг (м)	[púding]

46. Pietanze cucinate

piatto (m) (~ principale)	блюдо (c)	[blʲúdɔ]
cucina (f)	кухня (ж)	[kúhnʲa]
ricetta (f)	рецепт (м)	[retsǽpt]
porzione (f)	порция (ж)	[pórtsija]

insalata (f)	салат (м)	[salát]
minestra (f)	суп (м)	[súp]

brodo (m)	бульон (м)	[buljón]
panino (m)	бутерброд (м)	[buterbród]
uova (f pl) al tegamino	яичница (ж)	[iíʃnitsa]
hamburger (m)	гамбургер (м)	[gámburger]
bistecca (f)	бифштекс (м)	[bifʃtǽks]
contorno (m)	гарнир (м)	[garnír]
spaghetti (m pl)	спагетти (мн)	[spagéti]
purè (m) di patate	картофельное пюре (c)	[kartófelʲnɔe pʲuré]
pizza (f)	пицца (ж)	[pítsa]
porridge (m)	каша (ж)	[káʃa]
frittata (f)	омлет (м)	[ɔmlét]
bollito (agg)	варёный	[varǿnij]
affumicato (agg)	копчёный	[kɔpʧǿnij]
fritto (agg)	жареный	[ʒárenij]
secco (agg)	сушёный	[suʃónij]
congelato (agg)	замороженный	[zamɔróʒenij]
sottoaceto (agg)	маринованный	[marinóvanij]
dolce (gusto)	сладкий	[slátkij]
salato (agg)	солёный	[sɔlǿnij]
freddo (agg)	холодный	[hɔlódnij]
caldo (agg)	горячий	[gɔrʲáʧij]
amaro (agg)	горький	[górʲkij]
buono, gustoso (agg)	вкусный	[fkúsnij]
cuocere, preparare (vt)	варить (нсв, пх)	[varítʲ]
cucinare (vi)	готовить (нсв, пх)	[gɔtóvitʲ]
friggere (vt)	жарить (нсв, пх)	[ʒáritʲ]
riscaldare (vt)	разогревать (нсв, пх)	[razɔgrevátʲ]
salare (vt)	солить (нсв, пх)	[sɔlítʲ]
pepare (vt)	перчить (нсв, пх)	[pérʧitʲ], [perʧítʲ]
grattugiare (vt)	тереть (нсв, пх)	[terétʲ]
buccia (f)	кожура (ж)	[kɔʒurá]
sbucciare (vt)	чистить (нсв, пх)	[ʧístitʲ]

47. Spezie

sale (m)	соль (ж)	[sólʲ]
salato (agg)	солёный	[sɔlǿnij]
salare (vt)	солить (нсв, пх)	[sɔlítʲ]
pepe (m) nero	чёрный перец (м)	[ʧórnij pérets]
peperoncino (m)	красный перец (м)	[krásnij pérets]
senape (f)	горчица (ж)	[gɔrʧítsa]
cren (m)	хрен (м)	[hrén]
condimento (m)	приправа (ж)	[priprávа]
spezie (f pl)	пряность (ж)	[prʲánɔstʲ]
salsa (f)	соус (м)	[sóus]
aceto (m)	уксус (м)	[úksus]

anice (m)	анис (м)	[anís]
basilico (m)	базилик (м)	[bazilík]
chiodi (m pl) di garofano	гвоздика (ж)	[gvɔzdíka]
zenzero (m)	имбирь (м)	[imbír']
coriandolo (m)	кориандр (м)	[kɔriándr]
cannella (f)	корица (ж)	[kɔrítsa]

sesamo (m)	кунжут (м)	[kunʒút]
alloro (m)	лавровый лист (м)	[lavróvij líst]
paprica (f)	паприка (ж)	[páprika]
cumino (m)	тмин (м)	[tmín]
zafferano (m)	шафран (м)	[ʃafrán]

48. Pasti

| cibo (m) | еда (ж) | [edá] |
| mangiare (vi, vt) | есть (нсв, н/пх) | [ést'] |

colazione (f)	завтрак (м)	[záftrak]
fare colazione	завтракать (нсв, нпх)	[záftrakat']
pranzo (m)	обед (м)	[ɔbéd]
pranzare (vi)	обедать (нсв, нпх)	[ɔbédat']
cena (f)	ужин (м)	[úʒin]
cenare (vi)	ужинать (нсв, нпх)	[úʒinat']

| appetito (m) | аппетит (м) | [apetít] |
| Buon appetito! | Приятного аппетита! | [prijátnɔvɔ apetíta] |

aprire (vt)	открывать (нсв, пх)	[ɔtkrivát']
rovesciare (~ il vino, ecc.)	пролить (св, пх)	[prɔlít']
rovesciarsi (vr)	пролиться (св, возв)	[prɔlítsa]

bollire (vi)	кипеть (нсв, нпх)	[kipét']
far bollire	кипятить (нсв, пх)	[kipɪtít']
bollito (agg)	кипячёный	[kipɪtʃónij]
raffreddare (vt)	охладить (св, пх)	[ɔhladít']
raffreddarsi (vr)	охлаждаться (нсв, возв)	[ɔhlaʒdátsa]

| gusto (m) | вкус (м) | [fkús] |
| retrogusto (m) | привкус (м) | [prífkus] |

essere a dieta	худеть (нсв, нпх)	[hudét']
dieta (f)	диета (ж)	[diéta]
vitamina (f)	витамин (м)	[vitamín]
caloria (f)	калория (ж)	[kalórija]
vegetariano (m)	вегетарианец (м)	[vegetariánets]
vegetariano (agg)	вегетарианский	[vegetariánskij]

grassi (m pl)	жиры (мн)	[ʒirí]
proteine (f pl)	белки (мн)	[belkí]
carboidrati (m pl)	углеводы (мн)	[uglevódi]
fetta (f), fettina (f)	ломтик (м)	[lómtik]
pezzo (m) (~ di torta)	кусок (м)	[kusók]
briciola (f) (~ di pane)	крошка (ж)	[króʃka]

49. Preparazione della tavola

cucchiaio (m)	ложка (ж)	[lóʃka]
coltello (m)	нож (м)	[nóʃ]
forchetta (f)	вилка (ж)	[vílka]
tazza (f)	чашка (ж)	[ʧáʃka]
piatto (m)	тарелка (ж)	[tarélka]
piattino (m)	блюдце (c)	[blʲúʦe]
tovagliolo (m)	салфетка (ж)	[salfétka]
stuzzicadenti (m)	зубочистка (ж)	[zubɔʧístka]

50. Ristorante

ristorante (m)	ресторан (м)	[restɔrán]
caffè (m)	кофейня (ж)	[kɔféjnʲa]
pub (m), bar (m)	бар (м)	[bár]
sala (f) da tè	чайный салон (м)	[ʧájnɪj salón]
cameriere (m)	официант (м)	[ɔfiʦiánt]
cameriera (f)	официантка (ж)	[ɔfiʦiántka]
barista (m)	бармен (м)	[bármɛn]
menù (m)	меню (c)	[menʲú]
lista (f) dei vini	карта (ж) вин	[kárta vín]
prenotare un tavolo	забронировать столик	[zabrɔnírɔvatʲ stólik]
piatto (m)	блюдо (c)	[blʲúdɔ]
ordinare (~ il pranzo)	заказать (св, пх)	[zakazátʲ]
fare un'ordinazione	сделать заказ	[zdélatʲ zakás]
aperitivo (m)	аперитив (м)	[aperitíf]
antipasto (m)	закуска (ж)	[zakúska]
dolce (m)	десерт (м)	[desért]
conto (m)	счёт (м)	[ʃǿt]
pagare il conto	оплатить счёт	[ɔplatítʲ ʃǿt]
dare il resto	дать сдачу	[dátʲ zdáʧʲu]
mancia (f)	чаевые (мн)	[ʧaevī̄e]

Famiglia, parenti e amici

51. Informazioni personali. Moduli

nome (m)	имя (с)	[ímʲa]
cognome (m)	фамилия (ж)	[famílija]
data (f) di nascita	дата (ж) рождения	[dáta rɔʒdénija]
luogo (m) di nascita	место (с) рождения	[méstɔ rɔʒdénija]
nazionalità (f)	национальность (ж)	[natsiɔnálʲnɔstʲ]
domicilio (m)	место (с) жительства	[méstɔ ʒītelʲstva]
paese (m)	страна (ж)	[straná]
professione (f)	профессия (ж)	[prɔfésija]
sesso (m)	пол (м)	[pól]
statura (f)	рост (м)	[róst]
peso (m)	вес (м)	[vés]

52. Membri della famiglia. Parenti

madre (f)	мать (ж)	[mátʲ]
padre (m)	отец (м)	[ɔtéts]
figlio (m)	сын (м)	[sīn]
figlia (f)	дочь (ж)	[dótʃʲ]
figlia (f) minore	младшая дочь (ж)	[mládʃaja dótʃʲ]
figlio (m) minore	младший сын (м)	[mládʃij sīn]
figlia (f) maggiore	старшая дочь (ж)	[stárʃaja dótʃʲ]
figlio (m) maggiore	старший сын (м)	[stárʃij sīn]
fratello (m)	брат (м)	[brát]
sorella (f)	сестра (ж)	[sestrá]
cugino (m)	двоюродный брат (м)	[dvɔjúrɔdnij brát]
cugina (f)	двоюродная сестра (ж)	[dvɔjúrɔdnaja sestrá]
mamma (f)	мама (ж)	[máma]
papà (m)	папа (м)	[pápa]
genitori (m pl)	родители (мн)	[rodíteli]
bambino (m)	ребёнок (м)	[rebɵ́nɔk]
bambini (m pl)	дети (мн)	[déti]
nonna (f)	бабушка (ж)	[bábuʃka]
nonno (m)	дедушка (м)	[déduʃka]
nipote (m) (figlio di un figlio)	внук (м)	[vnúk]
nipote (f)	внучка (ж)	[vnútʃka]
nipoti (pl)	внуки (мн)	[vnúki]
zio (m)	дядя (м)	[dʲádʲa]
zia (f)	тётя (ж)	[tɵ́tʲa]

| nipote (m) (figlio di un fratello) | племянник (м) | [plemʲánik] |
| nipote (f) | племянница (ж) | [plemʲánitsa] |

suocera (f)	тёща (ж)	[tɵʃa]
suocero (m)	свёкор (м)	[svɵkɔr]
genero (m)	зять (м)	[zʲátʲ]
matrigna (f)	мачеха (ж)	[mátʃeha]
patrigno (m)	отчим (м)	[óttʃim]

neonato (m)	грудной ребёнок (м)	[grudnój rebɵnɔk]
infante (m)	младенец (м)	[mladénets]
bimbo (m), ragazzino (m)	малыш (м)	[malíʃ]

moglie (f)	жена (ж)	[ʒená]
marito (m)	муж (м)	[múʃ]
coniuge (m)	супруг (м)	[suprúg]
coniuge (f)	супруга (ж)	[suprúga]

sposato (agg)	женатый	[ʒenátij]
sposata (agg)	замужняя	[zamúʒnʲaja]
celibe (agg)	холостой	[hɔlɔstój]
scapolo (m)	холостяк (м)	[hɔlɔstʲák]
divorziato (agg)	разведённый	[razvedɵnnij]
vedova (f)	вдова (ж)	[vdɔvá]
vedovo (m)	вдовец (м)	[vdɔvéts]

parente (m)	родственник (м)	[rótstvenik]
parente (m) stretto	близкий родственник (м)	[blískij rótstvenik]
parente (m) lontano	дальний родственник (м)	[dálʲnij rótstvenik]
parenti (m pl)	родные (мн)	[rɔdnïje]

orfano (m)	сирота (м)	[sirɔtá]
orfana (f)	сирота (ж)	[sirɔtá]
tutore (m)	опекун (м)	[ɔpekún]
adottare (~ un bambino)	усыновить (св, пх)	[usinɔvítʲ]
adottare (~ una bambina)	удочерить (св, пх)	[udɔtʃerítʲ]

53. Amici. Colleghi

amico (m)	друг (м)	[drúg]
amica (f)	подруга (ж)	[pɔdrúga]
amicizia (f)	дружба (ж)	[drúʒba]
essere amici	дружить (нсв, нпх)	[druʒïtʲ]

amico (m) (inform.)	приятель (м)	[prijátelʲ]
amica (f) (inform.)	приятельница (ж)	[prijátelʲnitsa]
partner (m)	партнёр (м)	[partnɵr]

capo (m)	шеф (м)	[ʃæf]
capo (m), superiore (m)	начальник (м)	[natʃálʲnik]
proprietario (m)	владелец (м)	[vladélets]
subordinato (m)	подчинённый (м)	[pɔttʃinɵnnij]
collega (m)	коллега (м)	[kɔléga]
conoscente (m)	знакомый (м)	[znakómij]

compagno (m) di viaggio	попутчик (м)	[pɔpúttʃik]
compagno (m) di classe	одноклассник (м)	[ɔdnɔklásnik]
vicino (m)	сосед (м)	[sɔséd]
vicina (f)	соседка (ж)	[sɔsétka]
vicini (m pl)	соседи (мн)	[sɔsédi]

54. Uomo. Donna

donna (f)	женщина (ж)	[ʒǽnʃina]
ragazza (f)	девушка (ж)	[dévuʃka]
sposa (f)	невеста (ж)	[nevésta]
bella (agg)	красивая	[krasívaja]
alta (agg)	высокая	[visókaja]
snella (agg)	стройная	[strójnaja]
bassa (agg)	невысокого роста	[nevisókɔvɔ rósta]
bionda (f)	блондинка (ж)	[blɔndínka]
bruna (f)	брюнетка (ж)	[brʲunétka]
da donna (agg)	дамский	[dámskij]
vergine (f)	девственница (ж)	[défstvenitsa]
incinta (agg)	беременная	[berémennaja]
uomo (m) (adulto maschio)	мужчина (м)	[muʃína]
biondo (m)	блондин (м)	[blɔndín]
bruno (m)	брюнет (м)	[brʲunét]
alto (agg)	высокий	[visókij]
basso (agg)	невысокого роста	[nevisókɔvɔ rósta]
sgarbato (agg)	грубый	[grúbij]
tozzo (agg)	коренастый	[kɔrenástij]
robusto (agg)	крепкий	[krépkij]
forte (agg)	сильный	[sílʲnij]
forza (f)	сила (ж)	[síla]
grasso (agg)	полный	[pólnij]
bruno (agg)	смуглый	[smúglij]
snello (agg)	стройный	[strójnij]
elegante (agg)	элегантный	[ɛlegántnij]

55. Età

età (f)	возраст (м)	[vózrast]
giovinezza (f)	юность (ж)	[júnɔstʲ]
giovane (agg)	молодой	[mɔlɔdój]
più giovane (agg)	младше	[mládʃɛ]
più vecchio (agg)	старше	[stárʃɛ]
giovane (m)	юноша (м)	[júnɔʃa]
adolescente (m, f)	подросток (м)	[pɔdróstɔk]

ragazzo (m)	парень (м)	[páренʲ]
vecchio (m)	старик (м)	[starík]
vecchia (f)	старая женщина (ж)	[stáraja ʒǽnʃina]

adulto (m)	взрослый	[vzróslij]
di mezza età	средних лет	[srédnih lét]
anziano (agg)	пожилой	[pɔʒilój]
vecchio (agg)	старый	[stárij]

pensionamento (m)	пенсия (ж)	[pénsija]
andare in pensione	уйти на пенсию	[ujtí na pénsiju]
pensionato (m)	пенсионер (ж)	[pensiɔnér]

56. Bambini

bambino (m), bambina (f)	ребёнок (м)	[rebǿnɔk]
bambini (m pl)	дети (мн)	[déti]
gemelli (m pl)	близнецы (мн)	[bliznetsɨ̃]

culla (f)	люлька (ж), колыбель (ж)	[lʲúlʲka], [kɔlɨbélʲ]
sonaglio (m)	погремушка (ж)	[pɔgremúʃka]
pannolino (m)	подгузник (м)	[pɔdgúznik]

tettarella (f)	соска (ж)	[sóska]
carrozzina (f)	коляска (ж)	[kɔlʲáska]
scuola (f) materna	детский сад (м)	[détskij sád]
baby-sitter (f)	няня (ж)	[nʲánʲa]

infanzia (f)	детство (с)	[détstvɔ]
bambola (f)	кукла (ж)	[kúkla]
giocattolo (m)	игрушка (ж)	[igrúʃka]
gioco (m) di costruzione	конструктор (м)	[kɔnstrúktɔr]
educato (agg)	воспитанный	[vɔspítanij]
maleducato (agg)	невоспитанный	[nevɔspítanij]
viziato (agg)	избалованный	[izbalóvannij]

essere disubbidiente	шалить (нсв, нпх)	[ʃalítʲ]
birichino (agg)	шаловливый	[ʃalɔvlívij]
birichinata (f)	шалость (ж)	[ʃálɔstʲ]
bambino (m) birichino	шалун (м)	[ʃalún]

ubbidiente (agg)	послушный	[pɔslúʃnij]
disubbidiente (agg)	непослушный	[nepɔslúʃnij]

docile (agg)	умный, послушный	[úmnij], [pɔslúʃnij]
intelligente (agg)	умный, одарённый	[úmnij], [odarǿnnij]
bambino (m) prodigio	вундеркинд (м)	[vunderkínd]

57. Coppie sposate. Vita di famiglia

baciare (vt)	целовать (нсв, пх)	[tsɛlɔvátʲ]
baciarsi (vr)	целоваться (нсв, возв)	[tsɛlɔvátsa]

famiglia (f)	семья (ж)	[semjá]
familiare (agg)	семейный	[seméjnij]
coppia (f)	пара (ж), чета (ж)	[pára], [ʧetá]
matrimonio (m)	брак (м)	[brák]
focolare (m) domestico	домашний очаг (м)	[dɔmáʃnij ɔʧág]
dinastia (f)	династия (ж)	[dinástija]

appuntamento (m)	свидание (с)	[svidánie]
bacio (m)	поцелуй (м)	[pɔʦɛlúj]

amore (m)	любовь (ж)	[lʲubófʲ]
amare (qn)	любить (нсв, пх)	[lʲubítʲ]
amato (agg)	любимый	[lʲubímij]

tenerezza (f)	нежность (ж)	[néʒnɔstʲ]
dolce, tenero (agg)	нежный	[néʒnij]
fedeltà (f)	верность (ж)	[vérnɔstʲ]
fedele (agg)	верный	[vérnij]
premura (f)	забота (ж)	[zabóta]
premuroso (agg)	заботливый	[zabótlivij]

sposi (m pl) novelli	молодожёны (мн)	[mɔlɔdɔʒóni]
luna (f) di miele	медовый месяц (м)	[medóvij mésɪʦ]
sposarsi (per una donna)	выйти замуж	[vɨ̄jti zámuʃ]
sposarsi (per un uomo)	жениться (н/св, возв)	[ʒenítsa]

nozze (f pl)	свадьба (ж)	[svátʲba]
nozze (f pl) d'oro	золотая свадьба (ж)	[zɔlɔtája svátʲba]
anniversario (m)	годовщина (ж)	[gɔdɔfʃʲína]

amante (m)	любовник (м)	[lʲubóvnik]
amante (f)	любовница (ж)	[lʲubóvniʦa]

adulterio (m)	измена (ж)	[izména]
tradire (commettere adulterio)	изменить (св, пх)	[izmenítʲ]
geloso (agg)	ревнивый	[revnívij]
essere geloso	ревновать (нсв, н/пх)	[revnɔvátʲ]
divorzio (m)	развод (м)	[razvód]
divorziare (vi)	развестись (св, возв)	[razvestísʲ]

litigare (vi)	ссориться (нсв, возв)	[ssóriʦa]
fare pace	мириться (нсв, возв)	[miríʦa]
insieme	вместе	[vméste]
sesso (m)	секс (м)	[sæks]

felicità (f)	счастье (с)	[ʃʲástje]
felice (agg)	счастливый	[ʃʲislívij]
disgrazia (f)	несчастье (с)	[neʃʲástje]
infelice (agg)	несчастный	[neʃʲásnij]

Personalità. Sentimenti. Emozioni

58. Sentimenti. Emozioni

Italiano	Русский	Trascrizione
sentimento (m)	чувство (с)	[t͡ʃústvɔ]
sentimenti (m pl)	чувства (с мн)	[t͡ʃústva]
sentire (vt)	чувствовать (нсв, пх)	[t͡ʃústvɔvatʲ]
fame (f)	голод (м)	[gólɔd]
avere fame	хотеть есть	[hɔtétʲ éstʲ]
sete (f)	жажда (ж)	[ʒáʒda]
avere sete	хотеть пить	[hɔtétʲ pítʲ]
sonnolenza (f)	сонливость (ж)	[sɔnlívɔstʲ]
avere sonno	хотеть спать	[hɔtétʲ spátʲ]
stanchezza (f)	усталость (ж)	[ustálɔstʲ]
stanco (agg)	усталый	[ustálij]
stancarsi (vr)	устать (св, нпх)	[ustátʲ]
umore (m) (buon ~)	настроение (с)	[nastrɔénie]
noia (f)	скука (ж)	[skúka]
annoiarsi (vr)	скучать (нсв, нпх)	[skut͡ʃátʲ]
isolamento (f)	уединение (с)	[uedinénie]
isolarsi (vr)	уединиться (св, возв)	[uedinít͡sa]
preoccupare (vt)	беспокоить (нсв, пх)	[bespɔkóitʲ]
essere preoccupato	беспокоиться (нсв, возв)	[bespɔkóit͡sa]
agitazione (f)	беспокойство (с)	[bespɔkójstvɔ]
preoccupazione (f)	тревога (ж)	[trevóga]
preoccupato (agg)	озабоченный	[ɔzabót͡ʃenij]
essere nervoso	нервничать (нсв, нпх)	[nérvnit͡ʃatʲ]
andare in panico	паниковать (нсв, нпх)	[panikɔvátʲ]
speranza (f)	надежда (ж)	[nadéʒda]
sperare (vi, vt)	надеяться (нсв, возв)	[nadéit͡sa]
certezza (f)	уверенность (ж)	[uvérenɔstʲ]
sicuro (agg)	уверенный	[uvérenij]
incertezza (f)	неуверенность (ж)	[neuvérenɔstʲ]
incerto (agg)	неуверенный	[neuvérennij]
ubriaco (agg)	пьяный	[pjánij]
sobrio (agg)	трезвый	[trézvij]
debole (agg)	слабый	[slábij]
spaventare (vt)	испугать (св, пх)	[ispugátʲ]
furia (f)	бешенство (с)	[béʃɛnstvɔ]
rabbia (f)	ярость (ж)	[járɔstʲ]
depressione (f)	депрессия (ж)	[deprésija]
disagio (m)	дискомфорт (м)	[diskɔmfórt]

conforto (m)	комфорт (м)	[kɔmfórt]
rincrescere (vi)	сожалеть (нсв, нпх)	[sɔʒilét']
rincrescimento (m)	сожаление (c)	[sɔʒilénie]
sfortuna (f)	невезение (c)	[nevezénie]
tristezza (f)	огорчение (c)	[ɔgortʃénie]

vergogna (f)	стыд (м)	[stĩd]
allegria (f)	веселье (c)	[vesélje]
entusiasmo (m)	энтузиазм (м)	[ɛntuziázm]
entusiasta (m)	энтузиаст (м)	[ɛntuziást]
mostrare entusiasmo	проявить энтузиазм	[prɔjıvít' ɛntuziázm]

59. Personalità. Carattere

carattere (m)	характер (м)	[harákter]
difetto (m)	недостаток (м)	[nedɔstátɔk]
mente (f)	ум (м)	[úm]
intelletto (m)	разум (м)	[rázum]

coscienza (f)	совесть (ж)	[sóvest']
abitudine (f)	привычка (ж)	[privĩtʃka]
capacità (f)	способность (ж)	[spɔsóbnɔst']
sapere (~ nuotare)	уметь	[umét']

paziente (agg)	терпеливый	[terpelívij]
impaziente (agg)	нетерпеливый	[neterpelívij]
curioso (agg)	любопытный	[l'ubɔpĩtnij]
curiosità (f)	любопытство (c)	[l'ubɔpĩstvɔ]

modestia (f)	скромность (ж)	[skrómnɔst']
modesto (agg)	скромный	[skrómnij]
immodesto (agg)	нескромный	[neskrómnij]

pigrizia (f)	лень (ж)	[lén']
pigro (agg)	ленивый	[lenívij]
poltrone (m)	лентяй (м)	[lent'áj]

furberia (f)	хитрость (ж)	[hítrɔst']
furbo (agg)	хитрый	[hítrij]
diffidenza (f)	недоверие (c)	[nedɔvérie]
diffidente (agg)	недоверчивый	[nedɔvértʃivij]

generosità (f)	щедрость (ж)	[ʃédrɔst']
generoso (agg)	щедрый	[ʃédrij]
di talento	талантливый	[talántlivij]
talento (m)	талант (м)	[talánt]

coraggioso (agg)	смелый	[smélij]
coraggio (m)	смелость (ж)	[smélɔst']
onesto (agg)	честный	[tʃésnij]
onestà (f)	честность (ж)	[tʃésnɔst']

| prudente (agg) | осторожный | [ɔstɔróʒnij] |
| valoroso (agg) | отважный | [ɔtváʒnij] |

| serio (agg) | серьёзный | [serjǿznij] |
| severo (agg) | строгий | [strógij] |

deciso (agg)	решительный	[reʃitelʲnij]
indeciso (agg)	нерешительный	[nereʃitelʲnij]
timido (agg)	робкий	[rópkij]
timidezza (f)	робость (ж)	[róbəstʲ]

fiducia (f)	доверие (c)	[dɔvérie]
fidarsi (vr)	верить (нсв, пх)	[véritʲ]
fiducioso (agg)	доверчивый	[dɔvértʃivij]

sinceramente	искренне	[ískrene]
sincero (agg)	искренний	[ískrenij]
sincerità (f)	искренность (ж)	[ískrenɔstʲ]
aperto (agg)	открытый	[ɔtkrī̄tij]

tranquillo (agg)	тихий	[tíhij]
sincero (agg)	откровенный	[ɔtkrovénnij]
ingenuo (agg)	наивный	[naívnij]
distratto (agg)	рассеянный	[rasséɪnij]
buffo (agg)	смешной	[smeʃnój]

avidità (f)	жадность (ж)	[ʒádnəstʲ]
avido (agg)	жадный	[ʒádnij]
avaro (agg)	скупой	[skupój]
cattivo (agg)	злой	[zlój]
testardo (agg)	упрямый	[uprʲámij]
antipatico (agg)	неприятный	[neprijátnij]

egoista (m)	эгоист (м)	[ɛgɔíst]
egoistico (agg)	эгоистичный	[ɛgɔistítʃnij]
codardo (m)	трус (м)	[trús]
codardo (agg)	трусливый	[truslívij]

60. Dormire. Sogni

dormire (vi)	спать (нсв, нпх)	[spátʲ]
sonno (m) (stato di sonno)	сон (м)	[són]
sogno (m)	сон (м)	[són]
sognare (fare sogni)	видеть сны	[vídetʲ snī̄]
sonnolento (agg)	сонный	[sónnij]

letto (m)	кровать (ж)	[krɔvátʲ]
materasso (m)	матрас (м)	[matrás]
coperta (f)	одеяло (c)	[ɔdejálɔ]
cuscino (m)	подушка (ж)	[pɔdúʃka]
lenzuolo (m)	простыня (ж)	[prɔstinʲá]

insonnia (f)	бессонница (ж)	[bessónitsa]
insonne (agg)	бессонный	[bessónij]
sonnifero (m)	снотворное (c)	[snɔtvórnɔe]
prendere il sonnifero	принять снотворное	[prinʲátʲ snɔtvórnɔe]
avere sonno	хотеть спать	[hɔtétʲ spátʲ]

sbadigliare (vi)	зевать (нсв, нпх)	[zevátʲ]
andare a letto	идти спать	[itʲtʲí spátʲ]
fare il letto	стелить постель	[stelítʲ pɔstélʲ]
addormentarsi (vr)	заснуть (св, нпх)	[zasnútʲ]
incubo (m)	кошмар (м)	[kɔʃmár]
russare (m)	храп (м)	[hráp]
russare (vi)	храпеть (нсв, нпх)	[hrapétʲ]
sveglia (f)	будильник (м)	[budílʲnik]
svegliare (vt)	разбудить (св, пх)	[razbudítʲ]
svegliarsi (vr)	просыпаться (св, возв)	[prɔsɨpatsa]
alzarsi (vr)	вставать (нсв, нпх)	[fstavátʲ]
lavarsi (vr)	умываться (нсв, возв)	[umɨvátsa]

61. Umorismo. Risata. Felicità

umorismo (m)	юмор (м)	[júmɔr]
senso (m) dello humour	чувство юмора (с)	[tʃústvɔ júmɔra]
divertirsi (vr)	веселиться (нсв, возв)	[veselítsa]
allegro (agg)	весёлый	[vesǿlij]
allegria (f)	веселье (с)	[vesélje]
sorriso (m)	улыбка (ж)	[ulïpka]
sorridere (vi)	улыбаться (нсв, возв)	[ulïbátsa]
mettersi a ridere	засмеяться (св, возв)	[zasmejátsa]
ridere (vi)	смеяться (нсв, возв)	[smejátsa]
riso (m)	смех (м)	[sméh]
aneddoto (m)	анекдот (м)	[anekdót]
divertente (agg)	смешной	[smeʃnój]
ridicolo (agg)	смешной	[smeʃnój]
scherzare (vi)	шутить (нсв, нпх)	[ʃutítʲ]
scherzo (m)	шутка (ж)	[ʃútka]
gioia (f) (fare salti di ~)	радость (ж)	[rádɔstʲ]
rallegrarsi (vr)	радоваться (нсв, возв)	[rádɔvatsa]
allegro (agg)	радостный	[rádɔsnij]

62. Discussione. Conversazione. Parte 1

comunicazione (f)	общение (с)	[ɔpʃénie]
comunicare (vi)	общаться (нсв, возв)	[ɔpʃátsa]
conversazione (f)	разговор (м)	[razgɔvór]
dialogo (m)	диалог (м)	[dialóg]
discussione (f)	дискуссия (ж)	[diskúsija]
dibattito (m)	спор (м)	[spór]
discutere (vi)	спорить (нсв, нпх)	[spóritʲ]
interlocutore (m)	собеседник (м)	[sɔbesédnik]
tema (m)	тема (ж)	[téma]

punto (m) di vista	точка (ж) зрения	[tótʃka zrénija]
opinione (f)	мнение (c)	[mnénie]
discorso (m)	речь (ж)	[rétʃ]

discussione (f)	обсуждение (c)	[ɔpsuʒdénie]
discutere (~ una proposta)	обсуждать (нсв, пх)	[ɔpsuʒdátʲ]
conversazione (f)	беседа (ж)	[beséda]
conversare (vi)	беседовать (нсв, нпх)	[besédɔvatʲ]
incontro (m)	встреча (ж)	[fstrétʃa]
incontrarsi (vr)	встречаться (нсв, возв)	[fstretʃátsa]

proverbio (m)	пословица (ж)	[pɔslóvitsa]
detto (m)	поговорка (ж)	[pɔgɔvórka]
indovinello (m)	загадка (ж)	[zagátka]
fare un indovinello	загадывать загадку	[zagádivatʲ zagátku]
parola (f) d'ordine	пароль (м)	[parólʲ]
segreto (m)	секрет (м)	[sekrét]

giuramento (m)	клятва (ж)	[klʲátva]
giurare (prestare giuramento)	клясться (нсв, возв)	[klʲástsa]
promessa (f)	обещание (c)	[ɔbeʃánie]
promettere (vt)	обещать (н/св, пх)	[ɔbeʃátʲ]

consiglio (m)	совет (м)	[sɔvét]
consigliare (vt)	советовать (нсв, пх)	[sɔvétɔvatʲ]
seguire il consiglio	следовать совету	[slédɔvatʲ sɔvétu]
ubbidire (ai genitori)	слушаться (нсв, возв)	[slúʃatsa]

notizia (f)	новость (ж)	[nóvɔstʲ]
sensazione (f)	сенсация (ж)	[sensátsija]
informazioni (f pl)	сведения (мн)	[svédenja]
conclusione (f)	вывод (м)	[vīvɔd]
voce (f)	голос (ж)	[gólɔs]
complimento (m)	комплимент (м)	[kɔmplimént]
gentile (agg)	любезный	[lʲubéznij]

parola (f)	слово (c)	[slóvɔ]
frase (f)	фраза (ж)	[fráza]
risposta (f)	ответ (м)	[ɔtvét]

| verità (f) | правда (ж) | [právda] |
| menzogna (f) | ложь (ж) | [lóʃ] |

| pensiero (m) | мысль (ж) | [mīslʲ] |
| fantasia (f) | фантазия (ж) | [fantázija] |

63. Discussione. Conversazione. Parte 2

rispettato (agg)	уважаемый	[uvaʒáemij]
rispettare (vt)	уважать (нсв, пх)	[uvaʒátʲ]
rispetto (m)	уважение (c)	[uvaʒénie]
Egregio ...	Уважаемый ...	[uvaʒáemij ...]
presentare (~ qn)	познакомить (св, пх)	[pɔznakómitʲ]
fare la conoscenza di ...	познакомиться (св, возв)	[pɔznakómitsa]

intenzione (f)	намерение (c)	[namérenie]
avere intenzione	намереваться (нсв, возв)	[namerevátsa]
augurio (m)	пожелание (c)	[pɔʒelánie]
augurare (vt)	пожелать (св, пх)	[pɔʒelátʲ]
sorpresa (f)	удивление (c)	[udivlénie]
sorprendere (stupire)	удивлять (нсв, пх)	[udivlʲátʲ]
stupirsi (vr)	удивляться (нсв, возв)	[udivlʲátsa]
dare (vt)	дать (св, пх)	[dátʲ]
prendere (vt)	взять (св, пх)	[vzʲátʲ]
rendere (vt)	вернуть (св, пх)	[vernútʲ]
restituire (vt)	отдать (св, пх)	[ɔtdátʲ]
scusarsi (vr)	извиняться (нсв, возв)	[izvinʲátsa]
scusa (f)	извинение (c)	[izvinénie]
perdonare (vt)	прощать (нсв, пх)	[prɔʃátʲ]
parlare (vi, vt)	разговаривать (нсв, нпх)	[razgɔvárivatʲ]
ascoltare (vi)	слушать (нсв, пх)	[slúʃatʲ]
ascoltare fino in fondo	выслушать (св, пх)	[vīsluʃatʲ]
capire (vt)	понять (св, пх)	[pɔnʲátʲ]
mostrare (vt)	показать (св, пх)	[pɔkazátʲ]
guardare (vt)	глядеть на ... (нсв)	[glʲadétʲ na ...]
chiamare (rivolgersi a)	позвать (св, пх)	[pɔzvátʲ]
dare fastidio	беспокоить (нсв, пх)	[bespɔkóitʲ]
disturbare (vt)	мешать (нсв, пх)	[meʃátʲ]
consegnare (vt)	передать (св, пх)	[peredátʲ]
richiesta (f)	просьба (ж)	[prósʲba]
chiedere (vt)	просить (нсв, пх)	[prɔsítʲ]
esigenza (f)	требование (c)	[trébɔvanie]
esigere (vt)	требовать (нсв, пх)	[trébɔvatʲ]
stuzzicare (vt)	дразнить (нсв, пх)	[draznítʲ]
canzonare (vt)	насмехаться (нсв, возв)	[nasmehátsa]
burla (f), beffa (f)	насмешка (ж)	[nasméʃka]
soprannome (m)	прозвище (c)	[prózviʃe]
allusione (f)	намёк (м)	[namók]
alludere (vi)	намекать (нсв, н/пх)	[namekátʲ]
intendere (cosa intendi dire?)	подразумевать (нсв, пх)	[pɔdrazumevátʲ]
descrizione (f)	описание (c)	[ɔpisánie]
descrivere (vt)	описать (нсв, пх)	[ɔpisátʲ]
lode (f)	похвала (ж)	[pɔhvalá]
lodare (vt)	похвалить (св, пх)	[pɔhvalítʲ]
delusione (f)	разочарование (c)	[razɔtʃarɔvánie]
deludere (vt)	разочаровать (св, пх)	[razɔtʃarɔvátʲ]
rimanere deluso	разочароваться (св, возв)	[razɔtʃarɔvátsa]
supposizione (f)	предположение (c)	[pretpɔlɔʒǽnie]
supporre (vt)	предполагать (нсв, пх)	[pretpɔlagátʲ]
avvertimento (m)	предостережение (c)	[predɔstereʒǽnie]
avvertire (vt)	предостеречь (св, пх)	[predɔsterétʃʲ]

64. Discussione. Conversazione. Parte 3

persuadere (vt)	уговорить (св, пх)	[ugɔvɔrítʲ]
tranquillizzare (vt)	успокаивать (нсв, пх)	[uspɔkáivatʲ]
silenzio (m) (il ~ è d'oro)	молчание (c)	[mɔltʃánie]
tacere (vi)	молчать (нсв, нпх)	[mɔltʃátʲ]
sussurrare (vt)	шепнуть (св, пх)	[ʃɛpnútʲ]
sussurro (m)	шёпот (м)	[ʃópɔt]
francamente	откровенно	[ɔtkrɔvénnɔ]
secondo me ...	по моему мнению ...	[pɔ mɔemú mnéniju ...]
dettaglio (m)	подробность (ж)	[pɔdróbnɔstʲ]
dettagliato (agg)	подробный	[pɔdróbnij]
dettagliatamente	подробно	[pɔdróbnɔ]
suggerimento (m)	подсказка (ж)	[potskáska]
suggerire (vt)	подсказать (св, пх)	[potskazátʲ]
sguardo (m)	взгляд (м)	[vzglʲád]
gettare uno sguardo	взглянуть (св, нпх)	[vzglinútʲ]
fisso (agg)	неподвижный	[nepɔdvíʒnij]
battere le palpebre	моргать (нсв, нпх)	[mɔrgátʲ]
ammiccare (vi)	мигнуть (св, нпх)	[mignútʲ]
accennare col capo	кивнуть (св, н/пх)	[kivnútʲ]
sospiro (m)	вздох (м)	[vzdóh]
sospirare (vi)	вздохнуть (св, нпх)	[vzdɔhnútʲ]
sussultare (vi)	вздрагивать (нсв, нпх)	[vzdrágivatʲ]
gesto (m)	жест (м)	[ʒǽst]
toccare (~ il braccio)	прикоснуться (св, возв)	[prikɔsnútsa]
afferrare (~ per il braccio)	хватать (нсв, пх)	[hvatátʲ]
picchiettare (~ la spalla)	хлопать (нсв, нпх)	[hlópatʲ]
Attenzione!	Осторожно!	[ɔstɔróʒnɔ]
Davvero?	Неужели?	[neuʒǽli?]
Sei sicuro?	Ты уверен?	[tĩ uvéren?]
Buona fortuna!	Удачи!	[udátʃi]
Capito!	Ясно!	[jásnɔ]
Peccato!	Жаль!	[ʒálʲ]

65. Accordo. Rifiuto

accordo (m)	согласие (c)	[sɔglásie]
essere d'accordo	соглашаться (нсв, возв)	[sɔglaʃátsa]
approvazione (f)	одобрение (c)	[ɔdɔbrénie]
approvare (vt)	одобрить (св, пх)	[ɔdóbritʲ]
rifiuto (m)	отказ (м)	[ɔtkás]
rifiutarsi (vr)	отказываться (нсв, возв)	[ɔtkázivatsa]
Perfetto!	Отлично!	[ɔtlítʃnɔ]
Va bene!	Хорошо!	[hɔrɔʃó]

D'accordo!	Ладно!	[ládnɔ]
vietato, proibito (agg)	запрещённый	[zapreʃǿnij]
è proibito	нельзя	[nelʲzʲá]
è impossibile	невозможно	[nevɔzmóʒnɔ]
sbagliato (agg)	неправильный	[neprávilʲnij]

respingere (~ una richiesta)	отклонить (св, пх)	[ɔtklɔnítʲ]
sostenere (~ un'idea)	поддержать (св, пх)	[pɔdderʒátʲ]
accettare (vt)	принять (св, пх)	[prinʲátʲ]

confermare (vt)	подтвердить (св, пх)	[pɔttverdítʲ]
conferma (f)	подтверждение (с)	[pɔttverʒdénie]
permesso (m)	разрешение (с)	[razreʃǽnie]
permettere (vt)	разрешить (св, пх)	[razreʃítʲ]
decisione (f)	решение (с)	[reʃǽnie]
non dire niente	промолчать (св, нпх)	[prɔmɔltʃátʲ]

condizione (f)	условие (с)	[uslóvie]
pretesto (m)	отговорка (ж)	[ɔdgɔvórka]
lode (f)	похвала (ж)	[pɔhvalá]
lodare (vt)	похвалить (св, пх)	[pɔhvalítʲ]

66. Successo. Fortuna. Fiasco

successo (m)	успех (м)	[uspéh]
con successo	успешно	[uspéʃnɔ]
ben riuscito (agg)	успешный	[uspéʃnij]
fortuna (f)	удача (ж)	[udátʃa]
Buona fortuna!	Удачи!	[udátʃi]
fortunato (giorno ~)	удачный	[udátʃnij]
fortunato (persona ~a)	удачливый	[udátʃlivij]

fiasco (m)	неудача (ж)	[neudátʃa]
disdetta (f)	неудача (ж)	[neudátʃa]
sfortuna (f)	невезение (с)	[nevezénie]
fallito (agg)	неудачный	[neudátʃnij]
disastro (m)	катастрофа (ж)	[katastrófa]

orgoglio (m)	гордость (ж)	[górdɔstʲ]
orgoglioso (agg)	гордый	[górdij]
essere fiero di ...	гордиться (нсв, возв)	[gɔrdítsa]
vincitore (m)	победитель (м)	[pɔbedítelʲ]
vincere (vi)	победить (св, нпх)	[pɔbedítʲ]
perdere (subire una sconfitta)	проиграть (св, нпх)	[prɔigrátʲ]
tentativo (m)	попытка (ж)	[pɔpïtka]
tentare (vi)	пытаться (нсв, возв)	[pïtátsa]
chance (f)	шанс (м)	[ʃáns]

67. Dispute. Sentimenti negativi

grido (m)	крик (м)	[krík]
gridare (vi)	кричать (нсв, нпх)	[kritʃátʲ]

mettersi a gridare	закричать (св, нпх)	[zakritʃátʲ]
litigio (m)	ссора (ж)	[ssóra]
litigare (vi)	ссориться (нсв, возв)	[ssóritsa]
lite (f)	скандал (м)	[skandál]
dare scandalo (litigare)	скандалить (нсв, нпх)	[skandálitʲ]
conflitto (m)	конфликт (м)	[kɔnflíkt]
fraintendimento (m)	недоразумение (с)	[nedɔrazuménie]
insulto (m)	оскорбление (с)	[ɔskɔrblénie]
insultare (vt)	оскорблять (нсв, пх)	[ɔskɔrblʲátʲ]
offeso (agg)	оскорблённый	[ɔskɔrblǿnnij]
offesa (f)	обида (ж)	[ɔbída]
offendere (qn)	обидеть (св, пх)	[ɔbídetʲ]
offendersi (vr)	обидеться (св, возв)	[ɔbídetsa]
indignazione (f)	возмущение (с)	[vɔzmuʃʲénie]
indignarsi (vr)	возмущаться (нсв, возв)	[vɔzmuʃʲátsa]
lamentela (f)	жалоба (ж)	[ʒálɔba]
lamentarsi (vr)	жаловаться (нсв, возв)	[ʒálɔvatsa]
scusa (f)	извинение (с)	[izvinénie]
scusarsi (vr)	извиняться (нсв, возв)	[izvinʲátsa]
chiedere scusa	просить прощения	[prɔsítʲ prɔʃʲénija]
critica (f)	критика (ж)	[krítika]
criticare (vt)	критиковать (нсв, пх)	[kritikɔvátʲ]
accusa (f)	обвинение (с)	[ɔbvinénie]
accusare (vt)	обвинять (нсв, пх)	[ɔbvinʲátʲ]
vendetta (f)	месть (ж)	[méstʲ]
vendicare (vt)	мстить (нсв, пх)	[mstítʲ]
vendicarsi (vr)	отплатить (св, пх)	[ɔtplatítʲ]
disprezzo (m)	презрение (с)	[prezrénie]
disprezzare (vt)	презирать (нсв, пх)	[prezirátʲ]
odio (m)	ненависть (ж)	[nénavistʲ]
odiare (vt)	ненавидеть (нсв, пх)	[nenavídetʲ]
nervoso (agg)	нервный	[nérvnij]
essere nervoso	нервничать (нсв, нпх)	[nérvnitʃatʲ]
arrabbiato (agg)	сердитый	[serdítij]
fare arrabbiare	рассердить (св, пх)	[rasserdítʲ]
umiliazione (f)	унижение (с)	[uniʒǽnie]
umiliare (vt)	унижать (нсв, пх)	[uniʒátʲ]
umiliarsi (vr)	унижаться (нсв, возв)	[uniʒátsa]
shock (m)	шок (м)	[ʃók]
scandalizzare (vt)	шокировать (н/св, пх)	[ʃɔkírɔvatʲ]
problema (m) (avere ~i)	неприятность (ж)	[neprijátnɔstʲ]
spiacevole (agg)	неприятный	[neprijátnij]
spavento (m), paura (f)	страх (м)	[stráh]
terribile (una tempesta ~)	страшный	[stráʃnij]
spaventoso (un racconto ~)	страшный	[stráʃnij]

| orrore (m) | ужас (м) | [úʒas] |
| orrendo (un crimine ~) | ужасный | [uʒásnij] |

cominciare a tremare	задрожать (нсв, нпх)	[zadrɔʒátʲ]
piangere (vi)	плакать (нсв, нпх)	[plákatʲ]
mettersi a piangere	заплакать (св, нпх)	[zaplákatʲ]
lacrima (f)	слеза (мн)	[slezá]

colpa (f)	вина (ж)	[viná]
senso (m) di colpa	вина (ж)	[viná]
vergogna (f)	позор (м)	[pɔzór]
protesta (f)	протест (м)	[prɔtést]
stress (m)	стресс (м)	[strés]

disturbare (vt)	беспокоить (нсв, пх)	[bespɔkóitʲ]
essere arrabbiato	злиться (нсв, возв)	[zlítsa]
arrabbiato (agg)	злой	[zlój]
porre fine a ... (~ una relazione)	прекращать (нсв, пх)	[prekraʃátʲ]
rimproverare (vt)	ругаться (нсв, возв)	[rugátsa]

spaventarsi (vr)	пугаться (нсв, возв)	[pugátsa]
colpire (vt)	ударить (св, пх)	[udáritʲ]
picchiarsi (vr)	драться (нсв, возв)	[drátsa]

regolare (~ un conflitto)	урегулировать (св, пх)	[uregulírɔvatʲ]
scontento (agg)	недовольный	[nedɔvólʲnij]
furioso (agg)	яростный	[járɔsnij]

| Non sta bene! | Это нехорошо! | [ǽtɔ nehɔrɔʃó] |
| Fa male! | Это плохо! | [ǽtɔ plóhɔ] |

Medicinali

malattia (f)	болезнь (ж)	[bɔléznʲ]
essere malato	болеть (нсв, нпх)	[bɔlétʲ]
salute (f)	здоровье (с)	[zdɔróvje]

raffreddore (m)	насморк (м)	[násmɔrk]
tonsillite (f)	ангина (ж)	[angína]
raffreddore (m)	простуда (ж)	[prɔstúda]
raffreddarsi (vr)	простудиться (св, возв)	[prɔstudítsa]

bronchite (f)	бронхит (м)	[brɔnhít]
polmonite (f)	воспаление (с) лёгких	[vɔspalénie lǿhkih]
influenza (f)	грипп (м)	[gríp]

miope (agg)	близорукий	[blizɔrúkij]
presbite (agg)	дальнозоркий	[dalʲnɔzórkij]
strabismo (m)	косоглазие (с)	[kɔsɔglázie]
strabico (agg)	косоглазый	[kɔsɔglázij]
cateratta (f)	катаракта (ж)	[katarákta]
glaucoma (m)	глаукома (ж)	[glaukóma]

ictus (m) cerebrale	инсульт (м)	[insúlʲt]
attacco (m) di cuore	инфаркт (м)	[infárkt]
infarto (m) miocardico	инфаркт (м) миокарда	[infárkt miɔkárda]
paralisi (f)	паралич (м)	[paralítʃ]
paralizzare (vt)	парализовать (нсв, пх)	[paralizɔvátʲ]

allergia (f)	аллергия (ж)	[alergíja]
asma (f)	астма (ж)	[ástma]
diabete (m)	диабет (м)	[diabét]

| mal (m) di denti | зубная боль (ж) | [zubnája bólʲ] |
| carie (f) | кариес (м) | [káries] |

diarrea (f)	диарея (ж)	[diaréja]
stitichezza (f)	запор (м)	[zapór]
disturbo (m) gastrico	расстройство (с) желудка	[rastrójstvɔ ʒelútka]
intossicazione (f) alimentare	отравление (с)	[ɔtravlénie]
intossicarsi (vr)	отравиться (св, возв)	[ɔtravítsa]

artrite (f)	артрит (м)	[artrít]
rachitide (f)	рахит (м)	[rahít]
reumatismo (m)	ревматизм (м)	[revmatízm]
aterosclerosi (f)	атеросклероз (м)	[atɛrɔsklerós]

| gastrite (f) | гастрит (м) | [gastrít] |
| appendicite (f) | аппендицит (м) | [apenditsĩt] |

colecistite (f)	холецистит (м)	[holetsistít]
ulcera (f)	язва (ж)	[jázva]
morbillo (m)	корь (ж)	[kórʲ]
rosolia (f)	краснуха (ж)	[krasnúha]
itterizia (f)	желтуха (ж)	[ʒeltúha]
epatite (f)	гепатит (м)	[gepatít]
schizofrenia (f)	шизофрения (ж)	[ʃizofreníja]
rabbia (f)	бешенство (с)	[béʃɛnstvo]
nevrosi (f)	невроз (м)	[nevrós]
commozione (f) cerebrale	сотрясение (с) мозга	[sotrısénie mózga]
cancro (m)	рак (м)	[rák]
sclerosi (f)	склероз (м)	[sklerós]
sclerosi (f) multipla	рассеянный склероз (м)	[rasséınnij sklerós]
alcolismo (m)	алкоголизм (м)	[alkogolízm]
alcolizzato (m)	алкоголик (м)	[alkogólik]
sifilide (f)	сифилис (м)	[sífilis]
AIDS (m)	СПИД (м)	[spíd]
tumore (m)	опухоль (ж)	[ópuholʲ]
maligno (agg)	злокачественная	[zlokátʃestvenaja]
benigno (agg)	доброкачественная	[dobrokátʃestvenaja]
febbre (f)	лихорадка (ж)	[lihorátka]
malaria (f)	малярия (ж)	[malîríja]
cancrena (f)	гангрена (ж)	[gangréna]
mal (m) di mare	морская болезнь (ж)	[morskája boléznʲ]
epilessia (f)	эпилепсия (ж)	[ɛpilépsija]
epidemia (f)	эпидемия (ж)	[ɛpidémija]
tifo (m)	тиф (м)	[tíf]
tubercolosi (f)	туберкулёз (м)	[tuberkuløs]
colera (m)	холера (ж)	[holéra]
peste (f)	чума (ж)	[tʃʲumá]

69. Sintomi. Cure. Parte 1

sintomo (m)	симптом (м)	[simptóm]
temperatura (f)	температура (ж)	[temperatúra]
febbre (f) alta	высокая температура (ж)	[visókaja temperatúra]
polso (m)	пульс (м)	[púlʲs]
capogiro (m)	головокружение (с)	[gólovo·kruʒǽnie]
caldo (agg)	горячий	[gorʲátʲij]
brivido (m)	озноб (м)	[oznób]
pallido (un viso ~)	бледный	[blédnij]
tosse (f)	кашель (м)	[káʃɛlʲ]
tossire (vi)	кашлять (нсв, нпх)	[káʃlıtʲ]
starnutire (vi)	чихать (нсв, нпх)	[tʲihátʲ]
svenimento (m)	обморок (м)	[óbmorok]

svenire (vi)	упасть в обморок	[upást v óbmɔrɔk]
livido (m)	синяк (м)	[sinják]
bernoccolo (m)	шишка (ж)	[ʃʃka]
farsi un livido	удариться (св, возв)	[udáritsa]
contusione (f)	ушиб (м)	[uʃĩb]
farsi male	ударить ... (св, пх)	[udárit ...]
zoppicare (vi)	хромать (нсв, нпх)	[hrɔmát]
slogatura (f)	вывих (м)	[vĩvih]
slogarsi (vr)	вывихнуть (св, пх)	[vĩvihnut]
frattura (f)	перелом (м)	[perelóm]
fratturarsi (vr)	получить перелом	[pɔluʧít perelóm]
taglio (m)	порез (м)	[pɔrés]
tagliarsi (vr)	порезаться (св, возв)	[pɔrézatsa]
emorragia (f)	кровотечение (с)	[krɔvɔ·teʧénie]
scottatura (f)	ожог (м)	[ɔʒóg]
scottarsi (vr)	обжечься (св, возв)	[ɔbʒǽʧsʲa]
pungere (vt)	уколоть (св, пх)	[ukɔlót]
pungersi (vr)	уколоться (св, возв)	[ukɔlótsa]
ferire (vt)	повредить (св, пх)	[pɔvredít]
ferita (f)	повреждение (с)	[pɔvreʒdénie]
lesione (f)	рана (ж)	[rána]
trauma (m)	травма (ж)	[trávma]
delirare (vi)	бредить (нсв, нпх)	[brédit]
tartagliare (vi)	заикаться (нсв, возв)	[zaikátsa]
colpo (m) di sole	солнечный удар (м)	[sólneʧnij udár]

70. Sintomi. Cure. Parte 2

dolore (m), male (m)	боль (ж)	[ból]
scheggia (f)	заноза (ж)	[zanóza]
sudore (m)	пот (м)	[pót]
sudare (vi)	потеть (нсв, нпх)	[pɔtét]
vomito (m)	рвота (ж)	[rvóta]
convulsioni (f pl)	судороги (ж мн)	[súdɔrɔgi]
incinta (agg)	беременная	[berémennaja]
nascere (vi)	родиться (св, возв)	[rɔdítsa]
parto (m)	роды (мн)	[ródi]
essere in travaglio di parto	рожать (нсв, пх)	[rɔʒát]
aborto (m)	аборт (м)	[abórt]
respirazione (f)	дыхание (с)	[dihánie]
inspirazione (f)	вдох (м)	[vdóh]
espirazione (f)	выдох (м)	[vĩdɔh]
espirare (vi)	выдохнуть (св, пх)	[vĩdɔhnut]
inspirare (vi)	вдыхать (нсв, нпх)	[vdihát]
invalido (m)	инвалид (м)	[invalíd]
storpio (m)	калека (с)	[kaléka]

drogato (m)	наркоман (м)	[narkɔmán]
sordo (agg)	глухой	[gluhój]
muto (agg)	немой	[nemój]
sordomuto (agg)	глухонемой	[gluhɔ·nemój]
matto (agg)	сумасшедший	[sumaʃǽdʃɛj]
matto (m)	сумасшедший (м)	[sumaʃǽdʃɛj]
matta (f)	сумасшедшая (ж)	[sumaʃǽdʃaja]
impazzire (vi)	сойти с ума	[sɔjtí s umá]
gene (m)	ген (м)	[gén]
immunità (f)	иммунитет (м)	[imunitét]
ereditario (agg)	наследственный	[naslétstvenij]
innato (agg)	врождённый	[vrɔʒdǿnij]
virus (m)	вирус (м)	[vírus]
microbo (m)	микроб (м)	[mikrób]
batterio (m)	бактерия (ж)	[baktǽrija]
infezione (f)	инфекция (ж)	[inféktsija]

71. Sintomi. Cure. Parte 3

ospedale (m)	больница (ж)	[bɔlʲnítsa]
paziente (m)	пациент (м)	[patsiǽnt]
diagnosi (f)	диагноз (м)	[diágnɔs]
cura (f)	лечение (с)	[letʃénie]
trattamento (m)	лечение (с)	[letʃénie]
curarsi (vr)	лечиться (нсв, возв)	[letʃítsa]
curare (vt)	лечить (нсв, пх)	[letʃítʲ]
accudire (un malato)	ухаживать (нсв, нпх)	[uháʒivatʲ]
assistenza (f)	уход (м)	[uhód]
operazione (f)	операция (ж)	[ɔperátsija]
bendare (vt)	перевязать (св, пх)	[perevɪzátʲ]
fasciatura (f)	перевязка (ж)	[perevʲázka]
vaccinazione (f)	прививка (ж)	[privífka]
vaccinare (vt)	делать прививку	[délatʲ privífku]
iniezione (f)	укол (м)	[ukól]
fare una puntura	делать укол	[délatʲ ukól]
amputazione (f)	ампутация (ж)	[amputátsija]
amputare (vt)	ампутировать (н/св, пх)	[amputírɔvatʲ]
coma (m)	кома (ж)	[kóma]
essere in coma	быть в коме	[bĩtʲ f kóme]
rianimazione (f)	реанимация (ж)	[reanimátsija]
guarire (vi)	выздоравливать (нсв, нпх)	[vizdɔrávlivatʲ]
stato (f) (del paziente)	состояние (с)	[sɔstɔjánie]
conoscenza (f)	сознание (с)	[sɔznánie]
memoria (f)	память (ж)	[pámɪtʲ]
estrarre (~ un dente)	удалять (нсв, пх)	[udalʲátʲ]
otturazione (f)	пломба (ж)	[plómba]

otturare (vt)	пломбировать (нсв, пх)	[plɔmbirɔvátʲ]
ipnosi (f)	гипноз (м)	[gipnós]
ipnotizzare (vt)	гипнотизировать (нсв, пх)	[gipnɔtizírɔvatʲ]

72. Medici

medico (m)	врач (м)	[vrátʃ]
infermiera (f)	медсестра (ж)	[metsestrá]
medico (m) personale	личный врач (м)	[lítʃnij vrátʃ]
dentista (m)	стоматолог (м)	[stɔmatólɔg]
oculista (m)	окулист (м)	[ɔkulíst]
internista (m)	терапевт (м)	[terapévt]
chirurgo (m)	хирург (м)	[hirúrg]
psichiatra (m)	психиатр (м)	[psihiátr]
pediatra (m)	педиатр (м)	[pediátr]
psicologo (m)	психолог (м)	[psihólɔg]
ginecologo (m)	гинеколог (м)	[ginekólɔg]
cardiologo (m)	кардиолог (м)	[kardiólɔg]

73. Medicinali. Farmaci. Accessori

medicina (f)	лекарство (с)	[lekárstvɔ]
rimedio (m)	средство (с)	[srétstvɔ]
prescrivere (vt)	прописать (нсв, пх)	[prɔpisátʲ]
prescrizione (f)	рецепт (м)	[retsǽpt]
compressa (f)	таблетка (ж)	[tablétka]
unguento (m)	мазь (ж)	[másʲ]
fiala (f)	ампула (ж)	[ámpula]
pozione (f)	микстура (ж)	[mikstúra]
sciroppo (m)	сироп (м)	[siróp]
pillola (f)	пилюля (ж)	[pilʲúlʲa]
polverina (f)	порошок (м)	[pɔrɔʃók]
benda (f)	бинт (м)	[bínt]
ovatta (f)	вата (ж)	[váta]
iodio (m)	йод (м)	[jód]
cerotto (m)	лейкопластырь (м)	[lejkɔplástirʲ]
contagocce (m)	пипетка (ж)	[pipétka]
termometro (m)	градусник (м)	[grádusnik]
siringa (f)	шприц (м)	[ʃpríts]
sedia (f) a rotelle	коляска (ж)	[kɔlʲáska]
stampelle (f pl)	костыли (м мн)	[kɔstilʲí]
analgesico (m)	обезболивающее (с)	[ɔbezbólivajuʃʲee]
lassativo (m)	слабительное (с)	[slabítelʲnɔe]
alcol (m)	спирт (м)	[spírt]
erba (f) officinale	трава (ж)	[travá]
d'erbe (infuso ~)	травяной	[travɪnój]

74. Fumo. Prodotti di tabaccheria

tabacco (m)	табак (м)	[tabák]
sigaretta (f)	сигарета (ж)	[sigaréta]
sigaro (m)	сигара (ж)	[sigára]
pipa (f)	трубка (ж)	[trúpka]
pacchetto (m) (di sigarette)	пачка (ж)	[pátʃka]
fiammiferi (m pl)	спички (ж мн)	[spítʃki]
scatola (f) di fiammiferi	спичечный коробок (м)	[spítʃetʃnij korobók]
accendino (m)	зажигалка (ж)	[zaʒigálka]
portacenere (m)	пепельница (ж)	[pépelʲnitsa]
portasigarette (m)	портсигар (м)	[portsigár]
bocchino (m)	мундштук (м)	[munʃtúk]
filtro (m)	фильтр (м)	[fílʲtr]
fumare (vi, vt)	курить (нсв, н/пх)	[kurítʲ]
accendere una sigaretta	прикурить (св, н/пх)	[prikurítʲ]
fumo (m)	курение (c)	[kurénie]
fumatore (m)	курильщик (м)	[kurílʲʃik]
cicca (f), mozzicone (m)	окурок (м)	[okúrok]
fumo (m)	дым (м)	[dɨm]
cenere (f)	пепел (м)	[pépel]

HABITAT UMANO

Città

città (f)	город (м)	[górɔd]
capitale (f)	столица (ж)	[stɔlítsa]
villaggio (m)	деревня (ж)	[derévnʲa]
mappa (f) della città	план (м) города	[plán górɔda]
centro (m) della città	центр (м) города	[tsǽntr górɔda]
sobborgo (m)	пригород (м)	[prígɔrɔd]
suburbano (agg)	пригородный	[prígɔrɔdnij]
periferia (f)	окраина (ж)	[ɔkráina]
dintorni (m pl)	окрестности (ж мн)	[ɔkrésnɔsti]
isolato (m)	квартал (м)	[kvartál]
quartiere residenziale	жилой квартал (м)	[ʒɨlój kvartál]
traffico (m)	движение (с)	[dviʒǽnie]
semaforo (m)	светофор (м)	[svetɔfór]
trasporti (m pl) urbani	городской транспорт (м)	[gɔrɔtskój tránspɔrt]
incrocio (m)	перекрёсток (м)	[perekrǿstɔk]
passaggio (m) pedonale	переход (м)	[perehód]
sottopassaggio (m)	подземный переход (м)	[pɔdzémnij perehód]
attraversare (vt)	переходить (нсв, н/пх)	[perehɔdítʲ]
pedone (m)	пешеход (м)	[peʃɛhód]
marciapiede (m)	тротуар (м)	[trɔtuár]
ponte (m)	мост (м)	[móst]
banchina (f)	набережная (ж)	[nábereʒnaja]
fontana (f)	фонтан (м)	[fɔntán]
vialetto (m)	аллея (ж)	[aléja]
parco (m)	парк (м)	[párk]
boulevard (m)	бульвар (м)	[bulʲvár]
piazza (f)	площадь (ж)	[plóʃatʲ]
viale (m), corso (m)	проспект (м)	[prɔspékt]
via (f), strada (f)	улица (ж)	[úlitsa]
vicolo (m)	переулок (м)	[pereúlɔk]
vicolo (m) cieco	тупик (м)	[tupík]
casa (f)	дом (м)	[dóm]
edificio (m)	здание (с)	[zdánie]
grattacielo (m)	небоскрёб (м)	[nebɔskrǿb]
facciata (f)	фасад (м)	[fasád]
tetto (m)	крыша (ж)	[krɨ̈ʃa]

finestra (f)	окно (c)	[ɔknó]
arco (m)	арка (ж)	[árka]
colonna (f)	колонна (ж)	[kɔlóna]
angolo (m)	угол (м)	[úgɔl]

vetrina (f)	витрина (ж)	[vitrína]
insegna (f) (di negozi, ecc.)	вывеска (ж)	[vĩveska]
cartellone (m)	афиша (ж)	[afíʃa]
cartellone (m) pubblicitario	рекламный плакат (м)	[reklámnij plakát]
tabellone (m) pubblicitario	рекламный щит (м)	[reklámnij ʃít]

pattume (m), spazzatura (f)	мусор (м)	[músɔr]
pattumiera (f)	урна (ж)	[úrna]
sporcare (vi)	сорить (нсв, нпх)	[sɔrítʲ]
discarica (f) di rifiuti	свалка (ж)	[sválka]

cabina (f) telefonica	телефонная будка (ж)	[telefónnaja bútka]
lampione (m)	фонарный столб (м)	[fɔnárnij stólb]
panchina (f)	скамейка (ж)	[skaméjka]

poliziotto (m)	полицейский (м)	[pɔlitsǽjskij]
polizia (f)	полиция (ж)	[pɔlítsija]
mendicante (m)	нищий (м)	[níʃij]
barbone (m)	бездомный (м)	[bezdómnij]

76. Servizi cittadini

negozio (m)	магазин (м)	[magazín]
farmacia (f)	аптека (ж)	[aptéka]
ottica (f)	оптика (ж)	[óptika]
centro (m) commerciale	торговый центр (м)	[tɔrgóvij tsǽntr]
supermercato (m)	супермаркет (м)	[supermárket]

panetteria (f)	булочная (ж)	[búlɔtʃnaja]
fornaio (m)	пекарь (м)	[pékarʲ]
pasticceria (f)	кондитерская (ж)	[kɔndíterskaja]
drogheria (f)	продуктовый магазин (м)	[prɔduktóvij magazín]
macelleria (f)	мясная лавка (ж)	[mısnája láfka]

| fruttivendolo (m) | овощная лавка (ж) | [ɔvɔʃnája láfka] |
| mercato (m) | рынок (м) | [rĩnɔk] |

caffè (m)	кафе (c)	[kafǽ]
ristorante (m)	ресторан (м)	[restɔrán]
birreria (f), pub (m)	пивная (ж)	[pivnája]
pizzeria (f)	пиццерия (ж)	[pitsǽrija], [pitsɛríja]

salone (m) di parrucchiere	парикмахерская (ж)	[parihmáherskaja]
ufficio (m) postale	почта (ж)	[pótʃta]
lavanderia (f) a secco	химчистка (ж)	[himtʃístka]
studio (m) fotografico	фотоателье (c)	[foto·atɛljé]

| negozio (m) di scarpe | обувной магазин (м) | [ɔbuvnój magazín] |
| libreria (f) | книжный магазин (м) | [kníʒnij magazín] |

negozio (m) sportivo	спортивный магазин (м)	[sportívnij magazín]
riparazione (f) di abiti	ремонт (м) одежды	[remónt odéʒdi]
noleggio (m) di abiti	прокат (м) одежды	[prokát odéʒdi]
noleggio (m) di film	прокат (м) фильмов	[prokát fílʲmof]

circo (m)	цирк (м)	[tsīrk]
zoo (m)	зоопарк (м)	[zoopárk]
cinema (m)	кинотеатр (м)	[kinoteátr]
museo (m)	музей (м)	[muzéj]
biblioteca (f)	библиотека (ж)	[bibliotéka]

teatro (m)	театр (м)	[teátr]
teatro (m) dell'opera	опера (ж)	[ópera]
locale notturno (m)	ночной клуб (м)	[notʃnój klúb]
casinò (m)	казино (с)	[kazinó]

moschea (f)	мечеть (ж)	[metʃétʲ]
sinagoga (f)	синагога (ж)	[sinagóga]
cattedrale (f)	собор (м)	[sobór]
tempio (m)	храм (м)	[hrám]
chiesa (f)	церковь (ж)	[tsǽrkofʲ]

istituto (m)	институт (м)	[institút]
università (f)	университет (м)	[universitét]
scuola (f)	школа (ж)	[ʃkóla]

prefettura (f)	префектура (ж)	[prefektúra]
municipio (m)	мэрия (ж)	[mǽrija]
albergo, hotel (m)	гостиница (ж)	[gostínitsa]
banca (f)	банк (м)	[bánk]

ambasciata (f)	посольство (с)	[posólʲstvo]
agenzia (f) di viaggi	турагентство (с)	[tur·agénstvo]
ufficio (m) informazioni	справочное бюро (с)	[správotʃnoe bʲuró]
ufficio (m) dei cambi	обменный пункт (м)	[obménnij púnkt]

| metropolitana (f) | метро (с) | [metró] |
| ospedale (m) | больница (ж) | [bolʲnítsa] |

| distributore (m) di benzina | автозаправка (ж) | [afto·zapráfka] |
| parcheggio (m) | стоянка (ж) | [stojánka] |

77. Mezzi pubblici in città

autobus (m)	автобус (м)	[aftóbus]
tram (m)	трамвай (м)	[tramváj]
filobus (m)	троллейбус (м)	[troléjbus]
itinerario (m)	маршрут (м)	[marʃrút]
numero (m)	номер (м)	[nómer]

andare in …	ехать на … (нсв)	[éhatʲ na …]
salire (~ sull'autobus)	сесть на … (св)	[séstʲ na …]
scendere da …	сойти с … (св)	[sojtí s …]
fermata (f) (~ dell'autobus)	остановка (ж)	[ostanófka]

prossima fermata (f)	следующая остановка (ж)	[sléduʃaja ɔstanófka]
capolinea (m)	конечная остановка (ж)	[kɔnétʃnaja ɔstanófka]
orario (m)	расписание (с)	[raspisánie]
aspettare (vt)	ждать (нсв, пх)	[ʒdátʲ]
biglietto (m)	билет (м)	[bilét]
prezzo (m) del biglietto	стоимость (ж) билета	[stóimɔstʲ biléta]
cassiere (m)	кассир (м)	[kassír]
controllo (m) dei biglietti	контроль (м)	[kɔntrólʲ]
bigliettaio (m)	контролёр (м)	[kɔntrɔlǿr]
essere in ritardo	опаздывать на ... (нсв, нпх)	[ɔpázdivatʲ na ...]
perdere (~ il treno)	опоздать на ... (св, нпх)	[ɔpozdátʲ na ...]
avere fretta	спешить (нсв, нпх)	[speʃítʲ]
taxi (m)	такси (с)	[taksí]
taxista (m)	таксист (м)	[taksíst]
in taxi	на такси	[na taksí]
parcheggio (m) di taxi	стоянка (ж) такси	[stɔjánka taksí]
chiamare un taxi	вызвать такси	[vízvatʲ taksí]
prendere un taxi	взять такси	[vzʲátʲ taksí]
traffico (m)	уличное движение (с)	[úlitʃnɔe dviʒǽnie]
ingorgo (m)	пробка (ж)	[própka]
ore (f pl) di punta	часы пик (м)	[tʃasî pík]
parcheggiarsi (vr)	парковаться (нсв, возв)	[parkɔvátsa]
parcheggiare (vt)	парковать (нсв, пх)	[parkɔvátʲ]
parcheggio (m)	стоянка (ж)	[stɔjánka]
metropolitana (f)	метро (с)	[metró]
stazione (f)	станция (ж)	[stántsija]
prendere la metropolitana	ехать на метро	[éhatʲ na metró]
treno (m)	поезд (м)	[póezd]
stazione (f) ferroviaria	вокзал (м)	[vɔkzál]

78. Visita turistica

monumento (m)	памятник (м)	[pámɪtnik]
fortezza (f)	крепость (ж)	[krépɔstʲ]
palazzo (m)	дворец (м)	[dvɔréts]
castello (m)	замок (м)	[zámɔk]
torre (f)	башня (ж)	[báʃnʲa]
mausoleo (m)	мавзолей (м)	[mavzɔléj]
architettura (f)	архитектура (ж)	[arhitektúra]
medievale (agg)	средневековый	[srednevekóvij]
antico (agg)	старинный	[starínnij]
nazionale (agg)	национальный	[natsionálʲnij]
famoso (agg)	известный	[izvésnij]
turista (m)	турист (м)	[turíst]
guida (f)	гид (м)	[gíd]
escursione (f)	экскурсия (ж)	[ɛkskúrsija]

| fare vedere | показывать (нсв, пх) | [pɔkázivatʲ] |
| raccontare (vt) | рассказывать (нсв, пх) | [raskázivatʲ] |

trovare (vt)	найти (св, пх)	[najtí]
perdersi (vr)	потеряться (св, возв)	[poterʲátsa]
mappa (f)	схема (ж)	[sxéma]
(~ della metropolitana)		
piantina (f) (~ della città)	план (м)	[plán]

souvenir (m)	сувенир (м)	[suvenír]
negozio (m) di articoli	магазин (м) сувениров	[magazín suvenírɔf]
da regalo		
fare foto	фотографировать (нсв, пх)	[fɔtɔgrafírɔvatʲ]
fotografarsi	фотографироваться	[fɔtɔgrafírɔvatsa]
	(нсв, возв)	

79. Acquisti

comprare (vt)	покупать (нсв, пх)	[pɔkupátʲ]
acquisto (m)	покупка (ж)	[pɔkúpka]
fare acquisti	делать покупки	[délatʲ pɔkúpki]
shopping (m)	шоппинг (м)	[ʃóping]

| essere aperto (negozio) | работать (нсв, нпх) | [rabótatʲ] |
| essere chiuso | закрыться (св, возв) | [zakrĩtsa] |

calzature (f pl)	обувь (ж)	[óbufʲ]
abbigliamento (m)	одежда (ж)	[ɔdéʒda]
cosmetica (f)	косметика (ж)	[kɔsmétika]
alimentari (m pl)	продукты (мн)	[prɔdúkti]
regalo (m)	подарок (м)	[pɔdárɔk]

| commesso (m) | продавец (м) | [prɔdavéts] |
| commessa (f) | продавщица (ж) | [prɔdafʃítsa] |

cassa (f)	касса (ж)	[kássa]
specchio (m)	зеркало (с)	[zérkalɔ]
banco (m)	прилавок (м)	[prilávɔk]
camerino (m)	примерочная (ж)	[primérɔtʃnaja]

provare (~ un vestito)	примерить (св, пх)	[priméritʲ]
stare bene (vestito)	подходить (нсв, нпх)	[pɔtxɔdítʲ]
piacere (vi)	нравиться (нсв, возв)	[nrávitsa]

prezzo (m)	цена (ж)	[tsɛná]
etichetta (f) del prezzo	ценник (м)	[tsǽnnik]
costare (vt)	стоить (нсв, пх)	[stóitʲ]
Quanto?	Сколько?	[skólʲkɔ?]
sconto (m)	скидка (ж)	[skítka]

no muy caro (agg)	недорогой	[nedɔrɔgój]
a buon mercato	дешёвый	[deʃóvij]
caro (agg)	дорогой	[dɔrɔgój]
È caro	Это дорого.	[ǽtɔ dórɔgɔ]

noleggio (m)	прокат (м)	[prɔkát]
noleggiare (~ un abito)	взять напрокат	[vzʲátʲ naprɔkát]
credito (m)	кредит (м)	[kredít]
a credito	в кредит	[f kredít]

80. Denaro

soldi (m pl)	деньги (мн)	[dénʲgi]
cambio (m)	обмен (м)	[ɔbmén]
corso (m) di cambio	курс (м)	[kúrs]
bancomat (m)	банкомат (м)	[bankɔmát]
moneta (f)	монета (ж)	[mɔnéta]

| dollaro (m) | доллар (м) | [dólar] |
| euro (m) | евро (с) | [évrɔ] |

lira (f)	лира (ж)	[líra]
marco (m)	марка (ж)	[márka]
franco (m)	франк (м)	[fránk]
sterlina (f)	фунт стерлингов (м)	[fúnt stérlingɔf]
yen (m)	йена (ж)	[jéna]

debito (m)	долг (м)	[dólg]
debitore (m)	должник (м)	[dɔlʒník]
prestare (~ i soldi)	дать в долг	[dátʲ v dólg]
prendere in prestito	взять в долг	[vzʲátʲ v dólg]

banca (f)	банк (м)	[bánk]
conto (m)	счёт (м)	[ʃǿt]
versare (vt)	положить (св, пх)	[pɔlɔʒítʲ]
versare sul conto	положить на счёт	[pɔlɔʒítʲ na ʃǿt]
prelevare dal conto	снять со счёта	[snʲátʲ sɔ ʃǿta]

carta (f) di credito	кредитная карта (ж)	[kredítnaja kárta]
contanti (m pl)	наличные деньги (мн)	[nalíʧnie dénʲgi]
assegno (m)	чек (м)	[ʧék]
emettere un assegno	выписать чек	[vīpisatʲ ʧék]
libretto (m) di assegni	чековая книжка (ж)	[ʧékɔvaja kníʃka]

portafoglio (m)	бумажник (м)	[bumáʒnik]
borsellino (m)	кошелёк (м)	[kɔʃɛlǿk]
cassaforte (f)	сейф (м)	[séjf]

erede (m)	наследник (м)	[naslédnik]
eredità (f)	наследство (с)	[naslétstvɔ]
fortuna (f)	состояние (с)	[sɔstɔjánie]

affitto (m), locazione (f)	аренда (ж)	[arénda]
canone (m) d'affitto	квартирная плата (ж)	[kvartírnaja pláta]
affittare (dare in affitto)	снимать (нсв, пх)	[snimátʲ]

prezzo (m)	цена (ж)	[tsɛná]
costo (m)	стоимость (ж)	[stóimɔstʲ]
somma (f)	сумма (ж)	[súmma]

spendere (vt)	тратить (нсв, пх)	[trátit']
spese (f pl)	расходы (мн)	[rasxódi]
economizzare (vi, vt)	экономить (нсв, н/пх)	[ɛkɔnómit']
economico (agg)	экономный	[ɛkɔnómnij]
pagare (vi, vt)	платить (нсв, н/пх)	[platít']
pagamento (m)	оплата (ж)	[ɔpláta]
resto (m) (dare il ~)	сдача (ж)	[zdátʃa]
imposta (f)	налог (м)	[nalóg]
multa (f), ammenda (f)	штраф (м)	[ʃtráf]
multare (vt)	штрафовать (нсв, пх)	[ʃtrafɔvát']

81. Posta. Servizio postale

ufficio (m) postale	почта (ж)	[pótʃta]
posta (f) (lettere, ecc.)	почта (ж)	[pótʃta]
postino (m)	почтальон (м)	[pɔtʃtaljón]
orario (m) di apertura	часы (мн) работы	[tʃasī rabóti]
lettera (f)	письмо (c)	[pis'mó]
raccomandata (f)	заказное письмо (c)	[zakaznóe pis'mó]
cartolina (f)	открытка (ж)	[ɔtkrītka]
telegramma (m)	телеграмма (ж)	[telegráma]
pacco (m) postale	посылка (ж)	[pɔsīlka]
vaglia (m) postale	денежный перевод (м)	[déneʒnij perevód]
ricevere (vt)	получить (св, пх)	[pɔlutʃít']
spedire (vt)	отправить (св, пх)	[ɔtprávit']
invio (m)	отправка (ж)	[ɔtráfka]
indirizzo (m)	адрес (м)	[ádres]
codice (m) postale	индекс (м)	[índɛks]
mittente (m)	отправитель (м)	[ɔtpravítel']
destinatario (m)	получатель (м)	[pɔlutʃátel']
nome (m)	имя (c)	[ím'a]
cognome (m)	фамилия (ж)	[famílija]
tariffa (f)	тариф (м)	[taríf]
ordinario (agg)	обычный	[ɔbītʃnij]
standard (agg)	экономичный	[ɛkɔnɔmítʃnij]
peso (m)	вес (м)	[vés]
pesare (vt)	взвешивать (нсв, пх)	[vzvéʃivat']
busta (f)	конверт (м)	[kɔnvért]
francobollo (m)	марка (ж)	[márka]
affrancare (vt)	наклеивать марку	[nakléivat' márku]

Abitazione. Casa

82. Casa. Abitazione

casa (f)	дом (м)	[dóm]
a casa	дома	[dóma]
cortile (m)	двор (м)	[dvór]
recinto (m)	ограда (ж)	[ɔgráda]
mattone (m)	кирпич (м)	[kirpíʧ]
di mattoni	кирпичный	[kirpíʧnij]
pietra (f)	камень (м)	[kámenʲ]
di pietra	каменный	[kámennij]
beton (m)	бетон (м)	[betón]
di beton	бетонный	[betónnij]
nuovo (agg)	новый	[nóvij]
vecchio (agg)	старый	[stárij]
fatiscente (edificio ~)	ветхий	[vétxij]
moderno (agg)	современный	[sɔvreménnij]
a molti piani	многоэтажный	[mnɔgɔ·ɛtáʒnij]
alto (agg)	высокий	[visókij]
piano (m)	этаж (м)	[ɛtáʃ]
di un piano	одноэтажный	[ɔdnɔ·ɛtáʒnij]
pianoterra (m)	нижний этаж (м)	[níʒnij ɛtáʃ]
ultimo piano (m)	верхний этаж (м)	[vérhnij ɛtáʃ]
tetto (m)	крыша (ж)	[krïʃa]
ciminiera (f)	труба (ж)	[trubá]
tegola (f)	черепица (ж)	[ʧerepítsa]
di tegole	черепичный	[ʧerepíʧnij]
soffitta (f)	чердак (м)	[ʧerdák]
finestra (f)	окно (с)	[ɔknó]
vetro (m)	стекло (с)	[steklvó]
davanzale (m)	подоконник (м)	[pɔdɔkónik]
imposte (f pl)	ставни (ж мн)	[stávni]
muro (m)	стена (ж)	[stená]
balcone (m)	балкон (м)	[balkón]
tubo (m) pluviale	водосточная труба (ж)	[vɔdɔstóʧnaja trubá]
su, di sopra	наверху	[naverhú]
andare di sopra	подниматься (нсв, возв)	[pɔdnimátsa]
scendere (vi)	спускаться (нсв, возв)	[spuskátsa]
trasferirsi (vr)	переезжать (нсв, нпх)	[pereeʒʒátʲ]

83. Casa. Ingresso. Ascensore

entrata (f)	подъезд (м)	[pɔdjézd]
scala (f)	лестница (ж)	[lésnitsa]
gradini (m pl)	ступени (ж мн)	[stupéni]
ringhiera (f)	перила (мн)	[períla]
hall (f) (atrio d'ingresso)	холл (м)	[hól]
cassetta (f) della posta	почтовый ящик (м)	[pɔtʃtóvij jáʃik]
secchio (m) della spazzatura	мусорный бак (м)	[músɔrnij bák]
scivolo (m) per la spazzatura	мусоропровод (м)	[musɔrɔ·prɔvód]
ascensore (m)	лифт (м)	[líft]
montacarichi (m)	грузовой лифт (м)	[gruzɔvój líft]
cabina (f) di ascensore	кабина (ж)	[kabína]
prendere l'ascensore	ехать на лифте	[éhatʲ na lífte]
appartamento (m)	квартира (ж)	[kvartíra]
inquilini (m pl)	жильцы (мн)	[ʒilʲtsɨ]
vicino (m)	сосед (м)	[sɔséd]
vicina (f)	соседка (ж)	[sɔsétka]
vicini (m pl)	соседи (мн)	[sɔsédi]

84. Casa. Porte. Serrature

porta (f)	дверь (ж)	[dvérʲ]
cancello (m)	ворота (мн)	[vɔróta]
maniglia (f)	ручка (ж)	[rútʃka]
togliere il catenaccio	отпереть (св, н/пх)	[ɔtperétʲ]
aprire (vt)	открывать (нсв, пх)	[ɔtkrivátʲ]
chiudere (vt)	закрывать (нсв, пх)	[zakrivátʲ]
chiave (f)	ключ (м)	[klʲútʃ]
mazzo (m)	связка (ж)	[svʲáska]
cigolare (vi)	скрипеть (нсв, нпх)	[skripétʲ]
cigolio (m)	скрип (м)	[skríp]
cardine (m)	петля (ж)	[petlʲá]
zerbino (m)	коврик (м)	[kóvrik]
serratura (f)	замок (м)	[zámɔk]
buco (m) della serratura	замочная скважина (ж)	[zamótʃnaja skváʒina]
chiavistello (m)	засов (м)	[zasóf]
catenaccio (m)	задвижка (ж)	[zadvíʃka]
lucchetto (m)	навесной замок (м)	[navesnój zamók]
suonare (~ il campanello)	звонить (нсв, нпх)	[zvɔnítʲ]
suono (m)	звонок (м)	[zvɔnók]
campanello (m)	звонок (м)	[zvɔnók]
pulsante (m)	кнопка (ж)	[knópka]
bussata (f)	стук (м)	[stúk]
bussare (vi)	стучать (нсв, нпх)	[stutʃátʲ]
codice (m)	код (м)	[kód]
serratura (f) a codice	кодовый замок (м)	[kódɔvij zamók]

citofono (m)	домофон (м)	[dɔmɔfón]
numero (m) (~ civico)	номер (м)	[nómer]
targhetta (f) di porta	табличка (ж)	[tablítʃka]
spioncino (m)	глазок (м)	[glazók]

85. Casa di campagna

villaggio (m)	деревня (ж)	[derévnʲa]
orto (m)	огород (м)	[ɔgɔród]
recinto (m)	забор (м)	[zabór]

| steccato (m) | изгородь (ж) | [ízgɔrɔtʲ] |
| cancelletto (m) | калитка (ж) | [kalítka] |

granaio (m)	амбар (м)	[ambár]
cantina (f), scantinato (m)	погреб (м)	[pógreb]
capanno (m)	сарай (м)	[saráj]
pozzo (m)	колодец (м)	[kɔlódeʦ]

stufa (f)	печь (ж)	[pétʃʲ]
attizzare (vt)	топить печь (нсв)	[tɔpítʲ pétʃʲ]
legna (f) da ardere	дрова (ж)	[drɔvá]
ciocco (m)	полено (с)	[pɔlénɔ]

| veranda (f) | веранда (ж) | [veránda] |
| terrazza (f) | терраса (ж) | [terása] |

| scala (f) d'ingresso | крыльцо (с) | [kriʎʦó] |
| altalena (f) | качели (мн) | [katʃéli] |

86. Castello. Reggia

castello (m)	замок (м)	[zámɔk]
palazzo (m)	дворец (м)	[dvɔréʦ]
fortezza (f)	крепость (ж)	[krépɔstʲ]

muro (m)	стена (ж)	[stená]
torre (f)	башня (ж)	[báʃnʲa]
torre (f) principale	главная башня (ж)	[glávnaja báʃnʲa]

saracinesca (f)	подъёмные ворота (мн)	[pɔdjómnie vɔróta]
tunnel (m)	подземный ход (м)	[pɔdzémnij hód]
fossato (m)	ров (м)	[róf]

| catena (f) | цепь (ж) | [ʦæpʲ] |
| feritoia (f) | бойница (ж) | [bɔjníʦa] |

| magnifico (agg) | великолепный | [velikɔlépnij] |
| maestoso (agg) | величественный | [velítʃestvenij] |

| inespugnabile (agg) | неприступный | [nepristúpnij] |
| medievale (agg) | средневековый | [srednevekóvij] |

87. Appartamento

appartamento (m)	квартира (ж)	[kvartíra]
camera (f), stanza (f)	комната (ж)	[kómnata]
camera (f) da letto	спальня (ж)	[spálʲnʲa]
sala (f) da pranzo	столовая (ж)	[stolóvaja]
salotto (m)	гостиная (ж)	[gostínaja]
studio (m)	кабинет (м)	[kabinét]
ingresso (m)	прихожая (ж)	[prihóʒaja]
bagno (m)	ванная комната (ж)	[vánnaja kómnata]
gabinetto (m)	туалет (м)	[tualét]
soffitto (m)	потолок (м)	[potolók]
pavimento (m)	пол (м)	[pól]
angolo (m)	угол (м)	[úgol]

88. Appartamento. Pulizie

pulire (vt)	убирать (нсв, пх)	[ubirátʲ]
mettere via	уносить (нсв, пх)	[unosítʲ]
polvere (f)	пыль (ж)	[pɨlʲ]
impolverato (agg)	пыльный	[pɨlʲnij]
spolverare (vt)	вытирать пыль	[vitirátʲ pɨlʲ]
aspirapolvere (m)	пылесос (м)	[pilesós]
passare l'aspirapolvere	пылесосить (нсв, н/пх)	[pilesósitʲ]
spazzare (vi, vt)	подметать (нсв, н/пх)	[podmetátʲ]
spazzatura (f)	мусор (м)	[músor]
ordine (m)	порядок (м)	[porʲádok]
disordine (m)	беспорядок (м)	[besporʲádok]
frettazzo (m)	швабра (ж)	[ʃvábra]
strofinaccio (m)	тряпка (ж)	[trʲápka]
scopa (f)	веник (м)	[vénik]
paletta (f)	совок (м) для мусора	[sovók dlʲa músora]

89. Arredamento. Interno

mobili (m pl)	мебель (ж)	[mébelʲ]
tavolo (m)	стол (м)	[stól]
sedia (f)	стул (м)	[stúl]
letto (m)	кровать (ж)	[krovátʲ]
divano (m)	диван (м)	[diván]
poltrona (f)	кресло (с)	[késlo]
libreria (f)	книжный шкаф (м)	[kníʒnij ʃkáf]
ripiano (m)	полка (ж)	[pólka]
armadio (m)	гардероб (м)	[garderób]
attaccapanni (m) da parete	вешалка (ж)	[véʃəlka]

appendiabiti (m) da terra	вешалка (ж)	[véʃəlka]
comò (m)	комод (м)	[kɔmód]
tavolino (m) da salotto	журнальный столик (м)	[ʒurnálʲnij stólik]

specchio (m)	зеркало (с)	[zérkalɔ]
tappeto (m)	ковёр (м)	[kɔvǿr]
tappetino (m)	коврик (м)	[kóvrik]

camino (m)	камин (м)	[kamín]
candela (f)	свеча (ж)	[svetʃá]
candeliere (m)	подсвечник (м)	[pɔtsvétʃnik]

tende (f pl)	шторы (ж мн)	[ʃtóri]
carta (f) da parati	обои (мн)	[ɔbói]
tende (f pl) alla veneziana	жалюзи (мн)	[ʒalʲuzí]

lampada (f) da tavolo	настольная лампа (ж)	[nastólʲnaja lámpa]
lampada (f) da parete	светильник (м)	[svetílʲnik]
lampada (f) a stelo	торшер (м)	[tɔrʃær]
lampadario (m)	люстра (ж)	[lʲústra]

gamba (f)	ножка (ж)	[nóʃka]
bracciolo (m)	подлокотник (м)	[pɔdlɔkótnik]
spalliera (f)	спинка (ж)	[spínka]
cassetto (m)	ящик (м)	[jáʃik]

90. Biancheria da letto

biancheria (f) da letto	постельное бельё (с)	[pɔstélʲnɔe beljǿ]
cuscino (m)	подушка (ж)	[pɔdúʃka]
federa (f)	наволочка (ж)	[návɔlɔtʃka]
coperta (f)	одеяло (с)	[ɔdejálɔ]
lenzuolo (m)	простыня (ж)	[prɔstinʲá]
copriletto (m)	покрывало (с)	[pɔkriválɔ]

91. Cucina

cucina (f)	кухня (ж)	[kúhnʲa]
gas (m)	газ (м)	[gás]
fornello (m) a gas	газовая плита (ж)	[gázɔvaja plitá]
fornello (m) elettrico	электроплита (ж)	[ɛléktrɔ·plitá]
forno (m)	духовка (ж)	[duhófka]
forno (m) a microonde	микроволновая печь (ж)	[mikrɔ·vɔlnóvaja pétʃʲ]

frigorifero (m)	холодильник (м)	[hɔlɔdílʲnik]
congelatore (m)	морозильник (м)	[mɔrɔzílʲnik]
lavastoviglie (f)	посудомоечная машина (ж)	[pɔsúdɔ·móetʃnaja maʃína]

tritacarne (m)	мясорубка (ж)	[mɪsɔrúpka]
spremifrutta (m)	соковыжималка (ж)	[sɔkɔ·viʒimálka]
tostapane (m)	тостер (м)	[tóstɛr]
mixer (m)	миксер (м)	[míkser]

macchina (f) da caffè	кофеварка (ж)	[kɔfevárka]
caffettiera (f)	кофейник (м)	[kɔféjnik]
macinacaffè (m)	кофемолка (ж)	[kɔfemólka]

bollitore (m)	чайник (м)	[tʃájnik]
teiera (f)	чайник (м)	[tʃájnik]
coperchio (m)	крышка (ж)	[krýʃka]
colino (m) da tè	ситечко (с)	[sítetʃkɔ]

cucchiaio (m)	ложка (ж)	[lóʃka]
cucchiaino (m) da tè	чайная ложка (ж)	[tʃájnaja lóʃka]
cucchiaio (m)	столовая ложка (ж)	[stɔlóvaja lóʃka]
forchetta (f)	вилка (ж)	[vílka]
coltello (m)	нож (м)	[nóʃ]

stoviglie (f pl)	посуда (ж)	[pɔsúda]
piatto (m)	тарелка (ж)	[tarélka]
piattino (m)	блюдце (с)	[blʲútse]

cicchetto (m)	рюмка (ж)	[rʲúmka]
bicchiere (m) (~ d'acqua)	стакан (м)	[stakán]
tazzina (f)	чашка (ж)	[tʃáʃka]

zuccheriera (f)	сахарница (ж)	[sáharnitsa]
saliera (f)	солонка (ж)	[sɔlónka]
pepiera (f)	перечница (ж)	[péretʃnitsa]
burriera (f)	маслёнка (ж)	[maslǿnka]

pentola (f)	кастрюля (ж)	[kastrʲúlʲa]
padella (f)	сковородка (ж)	[skɔvɔrótka]
mestolo (m)	половник (м)	[pɔlóvnik]
colapasta (m)	дуршлаг (м)	[durʃlág]
vassoio (m)	поднос (м)	[pɔdnós]

bottiglia (f)	бутылка (ж)	[butýlka]
barattolo (m) di vetro	банка (ж)	[bánka]
latta, lattina (f)	банка (ж)	[bánka]

apribottiglie (m)	открывалка (ж)	[ɔtkriválka]
apriscatole (m)	открывалка (ж)	[ɔtkriválka]
cavatappi (m)	штопор (м)	[ʃtópɔr]
filtro (m)	фильтр (м)	[fílʲtr]
filtrare (vt)	фильтровать (нсв, пх)	[filʲtrɔvátʲ]

| spazzatura (f) | мусор (м) | [músɔr] |
| pattumiera (f) | мусорное ведро (с) | [músɔrnɔe vedró] |

92. Bagno

bagno (m)	ванная комната (ж)	[vánnaja kómnata]
acqua (f)	вода (ж)	[vɔdá]
rubinetto (m)	кран (м)	[krán]
acqua (f) calda	горячая вода (ж)	[gɔrʲátʃaja vɔdá]
acqua (f) fredda	холодная вода (ж)	[hɔlódnaja vɔdá]

dentifricio (m)	зубная паста (ж)	[zubnája pásta]
lavarsi i denti	чистить зубы	[ʧístitʲ zúbⁱ]
spazzolino (m) da denti	зубная щётка (ж)	[zubnája ʃʲótka]

rasarsi (vr)	бриться (нсв, возв)	[brítsa]
schiuma (f) da barba	пена (ж) для бритья	[péna dlʲa britjá]
rasoio (m)	бритва (ж)	[brítva]

lavare (vt)	мыть (нсв, пх)	[mɨ̃tʲ]
fare un bagno	мыться (нсв, возв)	[mɨ̃tsa]
doccia (f)	душ (м)	[dúʃ]
fare una doccia	принимать душ	[prinimátʲ dúʃ]

vasca (f) da bagno	ванна (ж)	[vánna]
water (m)	унитаз (м)	[unitás]
lavandino (m)	раковина (ж)	[rákɔvina]

sapone (m)	мыло (с)	[mɨ̃lɔ]
porta (m) sapone	мыльница (ж)	[mɨ̃lʲnitsa]

spugna (f)	губка (ж)	[gúpka]
shampoo (m)	шампунь (м)	[ʃampúnʲ]
asciugamano (m)	полотенце (с)	[pɔlɔténtse]
accappatoio (m)	халат (м)	[halát]

bucato (m)	стирка (ж)	[stírka]
lavatrice (f)	стиральная машина (ж)	[stirálʲnaja maʃína]
fare il bucato	стирать бельё	[stirátʲ beljɵ́]
detersivo (m) per il bucato	стиральный порошок (м)	[stirálʲnij pɔrɔʃók]

93. Elettrodomestici

televisore (m)	телевизор (м)	[televízɔr]
registratore (m) a nastro	магнитофон (м)	[magnitɔfón]
videoregistratore (m)	видеомагнитофон (м)	[vídeɔ·magnitɔfón]
radio (f)	приёмник (м)	[prijómnik]
lettore (m)	плеер (м)	[plǽjer]

videoproiettore (m)	видеопроектор (м)	[vídeɔ·prɔǽktɔr]
home cinema (m)	домашний кинотеатр (м)	[dɔmáʃnij kinɔteátr]
lettore (m) DVD	DVD проигрыватель (м)	[di·vi·dí prɔígrivatelʲ]
amplificatore (m)	усилитель (м)	[usilítelʲ]
console (f) video giochi	игровая приставка (ж)	[igrɔvája pristáfka]

videocamera (f)	видеокамера (ж)	[vídeɔ·kámera]
macchina (f) fotografica	фотоаппарат (м)	[fɔtɔ·aparát]
fotocamera (f) digitale	цифровой фотоаппарат (м)	[tsifrɔvój fɔtɔaparát]

aspirapolvere (m)	пылесос (м)	[piɫesós]
ferro (m) da stiro	утюг (м)	[utʲúg]
asse (f) da stiro	гладильная доска (ж)	[gladílʲnaja dɔská]
telefono (m)	телефон (м)	[telefón]
telefonino (m)	мобильный телефон (м)	[mɔbílʲnij telefón]

macchina (f) da cucire	швейная машинка (ж)	[ʃvejnaja maʃínka]
microfono (m)	микрофон (м)	[mikrofón]
cuffia (f)	наушники (м мн)	[naúʃniki]
telecomando (m)	пульт (м)	[púlʲt]

CD (m)	компакт-диск (м)	[kompákt-dísk]
cassetta (f)	кассета (ж)	[kaséta]
disco (m) (vinile)	пластинка (ж)	[plastínka]

94. Riparazioni. Restauro

lavori (m pl) di restauro	ремонт (м)	[remónt]
rinnovare (ridecorare)	делать ремонт	[délatʲ remónt]
riparare (vt)	ремонтировать (нсв, пх)	[remontírovatʲ]
mettere in ordine	приводить в порядок	[privodítʲ f porʲádɔk]
rifare (vt)	переделывать (нсв, пх)	[peredélivatʲ]

pittura (f)	краска (ж)	[kráska]
pitturare (~ un muro)	красить (нсв, пх)	[krásitʲ]
imbianchino (m)	маляр (м)	[malʲár]
pennello (m)	кисть (ж)	[kístʲ]

imbiancatura (f)	побелка (ж)	[pobélka]
imbiancare (vt)	белить (нсв, пх)	[belítʲ]

carta (f) da parati	обои (мн)	[ɔbói]
tappezzare (vt)	оклеить обоями	[ɔkléitʲ ɔbójimi]
vernice (f)	лак (м)	[lák]
verniciare (vt)	покрывать лаком	[pɔkrivátʲ lákɔm]

95. Impianto idraulico

acqua (f)	вода (ж)	[vɔdá]
acqua (f) calda	горячая вода (ж)	[gɔrʲátʃaja vɔdá]
acqua (f) fredda	холодная вода (ж)	[hɔlódnaja vɔdá]
rubinetto (m)	кран (м)	[krán]

goccia (f)	капля (ж)	[káplʲa]
gocciolare (vi)	капать (нсв, нпх)	[kápatʲ]
perdere (il tubo, ecc.)	течь (нсв, нпх)	[tétʃʲ]
perdita (f) (~ dai tubi)	течь (ж)	[tétʃʲ]
pozza (f)	лужа (ж)	[lúʒa]

tubo (m)	труба (ж)	[trubá]
valvola (f)	вентиль (м)	[véntilʲ]
intasarsi (vr)	засориться (св, возв)	[zasorítsa]

strumenti (m pl)	инструменты (м мн)	[instruménti]
chiave (f) inglese	разводной ключ (м)	[razvodnój klʲútʃ]
svitare (vt)	открутить (св, пх)	[ɔtkrutítʲ]
avvitare (stringere)	закрутить (св, пх)	[zakrutítʲ]
stasare (vt)	прочищать (нсв, пх)	[prɔtʃiʃʲátʲ]

idraulico (m)	сантехник (м)	[santéhnik]
seminterrato (m)	подвал (м)	[pɔdvál]
fognatura (f)	канализация (ж)	[kanalizátsija]

96. Incendio. Conflagrazione

fuoco (m)	пожар (м)	[pɔʒár]
fiamma (f)	пламя (ж)	[plámʲa]
scintilla (f)	искра (ж)	[iskra]
fumo (m)	дым (м)	[dɨm]
fiaccola (f)	факел (м)	[fákel]
falò (m)	костёр (м)	[kɔstǿr]

benzina (f)	бензин (м)	[benzín]
cherosene (m)	керосин (м)	[kerɔsín]
combustibile (agg)	горючий	[gɔrʲúʧij]
esplosivo (agg)	взрывоопасный	[vzrivɔ·ɔpásnij]
VIETATO FUMARE!	НЕ КУРИТЬ!	[ne kurítʲ]

sicurezza (f)	безопасность (ж)	[bezɔpásnɔstʲ]
pericolo (m)	опасность (ж)	[ɔpásnɔstʲ]
pericoloso (agg)	опасный	[ɔpásnij]

prendere fuoco	загореться (св, возв)	[zagɔrétsa]
esplosione (f)	взрыв (м)	[vzrɨf]
incendiare (vt)	поджечь (св, пх)	[pɔdʒǽʧʲ]
incendiario (m)	поджигатель (м)	[pɔdʒigátelʲ]
incendio (m) doloso	поджог (м)	[pɔdʒóg]

divampare (vi)	пылать (нсв, нпх)	[pɨlátʲ]
bruciare (vi)	гореть (нсв, нпх)	[gɔrétʲ]
bruciarsi (vr)	сгореть (св, нпх)	[sgɔrétʲ]

chiamare i pompieri	вызвать пожарных	[vɨzvatʲ pɔʒárnih]
pompiere (m)	пожарный (м)	[pɔʒárnij]
autopompa (f)	пожарная машина (ж)	[pɔʒárnaja maʃína]
corpo (m) dei pompieri	пожарная команда (ж)	[pɔʒárnaja kɔmánda]
autoscala (f) da pompieri	пожарная лестница (ж)	[pɔʒárnaja lésnitsa]

manichetta (f)	шланг (м)	[ʃláng]
estintore (m)	огнетушитель (м)	[ɔgnetuʃítelʲ]
casco (m)	каска (ж)	[káska]
sirena (f)	сирена (ж)	[siréna]

gridare (vi)	кричать (нсв, нпх)	[kriʧátʲ]
chiamare in aiuto	звать на помощь	[zvátʲ na pómɔʃ]
soccorritore (m)	спасатель (м)	[spasátelʲ]
salvare (vt)	спасать (нсв, пх)	[spasátʲ]

arrivare (vi)	приехать (св, нпх)	[priéhatʲ]
spegnere (vt)	тушить (нсв, пх)	[tuʃítʲ]
acqua (f)	вода (ж)	[vɔdá]
sabbia (f)	песок (м)	[pesók]
rovine (f pl)	руины (мн)	[ruíni]

crollare (edificio)	рухнуть (св, нпх)	[rúhnutʲ]
cadere (vi)	обвалиться (св, возв)	[ɔbvalítsa]
collassare (vi)	обрушиться (св, возв)	[ɔbrúʃitsa]
frammento (m)	обломок (м)	[ɔblómɔk]
cenere (f)	пепел (м)	[pépel]
asfissiare (vi)	задохнуться (св, возв)	[zadɔhnútsa]
morire, perire (vi)	погибнуть (св, нпх)	[pɔgíbnutʲ]

ATTIVITÀ UMANA

Lavoro. Affari. Parte 1

97. Attività bancaria

banca (f)	банк (м)	[bánk]
filiale (f)	отделение (с)	[ɔtdelénie]
consulente (m)	консультант (м)	[kɔnsulʲtánt]
direttore (m)	управляющий (м)	[upravlʲájuʃij]
conto (m) bancario	счёт (м)	[ʃɵt]
numero (m) del conto	номер (м) счёта	[nómer ʃɵta]
conto (m) corrente	текущий счёт (м)	[tekúʃij ʃɵt]
conto (m) di risparmio	накопительный счёт (м)	[nakɔpítelʲnij ʃɵt]
aprire un conto	открыть счёт	[ɔtkrĩtʲ ʃɵt]
chiudere il conto	закрыть счёт	[zakrĩtʲ ʃɵt]
versare sul conto	положить на счёт	[pɔlɔʒĩtʲ na ʃɵt]
prelevare dal conto	снять со счёта	[snʲátʲ sɔ ʃɵta]
deposito (m)	вклад (м)	[fklád]
depositare (vt)	сделать вклад	[zdélatʲ fklád]
trasferimento (m) telegrafico	перевод (м)	[perevód]
rimettere i soldi	сделать перевод	[zdélatʲ perevód]
somma (f)	сумма (ж)	[súmma]
Quanto?	Сколько?	[skólʲkɔ?]
firma (f)	подпись (ж)	[pótpisʲ]
firmare (vt)	подписать (св, пх)	[pɔtpisátʲ]
carta (f) di credito	кредитная карта (ж)	[kredítnaja kárta]
codice (m)	код (м)	[kód]
numero (m) della carta	номер (м)	[nómer
di credito	кредитной карты	kredítnɔj kárti]
bancomat (m)	банкомат (м)	[bankɔmát]
assegno (m)	чек (м)	[ʧék]
emettere un assegno	выписать чек	[vĩpisatʲ ʧék]
libretto (m) di assegni	чековая книжка (ж)	[ʧékɔvaja kníʃka]
prestito (m)	кредит (м)	[kredít]
fare domanda per un prestito	обращаться за кредитом	[ɔbraʃátsa za kredítɔm]
ottenere un prestito	брать кредит	[brátʲ kredít]
concedere un prestito	предоставлять кредит	[predɔstavlʲátʲ kredít]
garanzia (f)	гарантия (ж)	[garántija]

98. Telefono. Conversazione telefonica

telefono (m)	телефон (м)	[telefón]
telefonino (m)	мобильный телефон (м)	[mɔbílʲnij telefón]
segreteria (f) telefonica	автоответчик (м)	[áftɔ·ɔtvéttʃik]
telefonare (vi, vt)	звонить (нсв, н/пх)	[zvɔnítʲ]
chiamata (f)	звонок (м)	[zvɔnók]
comporre un numero	набрать номер	[nabrátʲ nómer]
Pronto!	Алло!	[alǿ]
chiedere (domandare)	спросить (св, пх)	[sprɔsítʲ]
rispondere (vi, vt)	ответить (св, пх)	[ɔtvétitʲ]
udire (vt)	слышать (нсв, пх)	[slíʃatʲ]
bene	хорошо	[hɔrɔʃó]
male	плохо	[plóhɔ]
disturbi (m pl)	помехи (ж мн)	[pɔméhi]
cornetta (f)	трубка (ж)	[trúpka]
alzare la cornetta	снять трубку	[snʲátʲ trúpku]
riattaccare la cornetta	положить трубку	[pɔlɔʒítʲ trúpku]
occupato (agg)	занятый	[zánitij]
squillare (del telefono)	звонить (нсв, нпх)	[zvɔnítʲ]
elenco (m) telefonico	телефонная книга (ж)	[telefónnaja kníga]
locale (agg)	местный	[mésnij]
telefonata (f) urbana	местный звонок (м)	[mésnij zvɔnók]
interurbano (agg)	междугородний	[meʒdugɔródnij]
telefonata (f) interurbana	междугородний звонок (м)	[meʒdugɔródnij zvɔnók]
internazionale (agg)	международный	[meʒdunaródnij]
telefonata (f) internazionale	международный звонок	[meʒdunaródnij zvɔnók]

99. Telefono cellulare

telefonino (m)	мобильный телефон (м)	[mɔbílʲnij telefón]
schermo (m)	дисплей (м)	[displǽj]
tasto (m)	кнопка (ж)	[knópka]
scheda SIM (f)	SIM-карта (ж)	[sim-kárta]
pila (f)	батарея (ж)	[bataréja]
essere scarico	разрядиться (св, возв)	[razrɪdítsa]
caricabatteria (m)	зарядное устройство (с)	[zarʲádnɔe ustrójstvɔ]
menù (m)	меню (с)	[menʲú]
impostazioni (f pl)	настройки (ж мн)	[nastrójki]
melodia (f)	мелодия (ж)	[melódija]
scegliere (vt)	выбрать (св, пх)	[víbratʲ]
calcolatrice (f)	калькулятор (м)	[kalʲkulʲátɔr]
segreteria (f) telefonica	голосовая почта (ж)	[gɔlɔsɔvája pótʃta]
sveglia (f)	будильник (м)	[budílʲnik]

contatti (m pl)	телефонная книга (ж)	[telefónnaja kníga]
messaggio (m) SMS	SMS-сообщение (c)	[ɛs·ɛm·æs-sɔɔpʃénie]
abbonato (m)	абонент (м)	[abɔnént]

100. Articoli di cancelleria

| penna (f) a sfera | шариковая ручка (ж) | [ʃárikɔvaja rútʃka] |
| penna (f) stilografica | перьевая ручка (ж) | [perjevája rútʃka] |

matita (f)	карандаш (м)	[karandáʃ]
evidenziatore (m)	маркер (м)	[márker]
pennarello (m)	фломастер (м)	[flɔmáster]

| taccuino (m) | блокнот (м) | [blɔknót] |
| agenda (f) | ежедневник (м) | [eʒednévnik] |

righello (m)	линейка (ж)	[linéjka]
calcolatrice (f)	калькулятор (м)	[kalʲkulʲátɔr]
gomma (f) per cancellare	ластик (м)	[lástik]
puntina (f)	кнопка (ж)	[knópka]
graffetta (f)	скрепка (ж)	[skrépka]

colla (f)	клей (м)	[kléj]
pinzatrice (f)	степлер (м)	[stǽpler]
perforatrice (f)	дырокол (м)	[dirɔkól]
temperamatite (m)	точилка (ж)	[tɔtʃílka]

Lavoro. Affari. Parte 2

101. Mezzi di comunicazione di massa

giornale (m)	газета (ж)	[gazéta]
rivista (f)	журнал (м)	[ʒurnál]
stampa (f) (giornali, ecc.)	пресса (ж)	[présa]
radio (f)	радио (с)	[rádiɔ]
stazione (f) radio	радиостанция (ж)	[radio·stántsija]
televisione (f)	телевидение (с)	[televídenje]
presentatore (m)	ведущий (м)	[vedúʃij]
annunciatore (m)	диктор (м)	[díktɔr]
commentatore (m)	комментатор (м)	[kɔmentátɔr]
giornalista (m)	журналист (м)	[ʒurnalíst]
corrispondente (m)	корреспондент (м)	[kɔrespɔndént]
fotocronista (m)	фотокорреспондент (м)	[fɔtɔ·kɔrespɔndént]
cronista (m)	репортёр (м)	[repɔrtǿr]
redattore (m)	редактор (м)	[redáktɔr]
redattore capo (m)	главный редактор (м)	[glávnij redáktɔr]
abbonarsi a ...	подписаться (св, возв)	[pɔtpisátsa]
abbonamento (m)	подписка (ж)	[pɔtpíska]
abbonato (m)	подписчик (м)	[pɔtpíʃik]
leggere (vi, vt)	читать (нсв, н/пх)	[tʃitátʲ]
lettore (m)	читатель (м)	[tʃitátelʲ]
tiratura (f)	тираж (м)	[tiráʃ]
mensile (agg)	ежемесячный	[eʒemésɨtʃnij]
settimanale (agg)	еженедельный	[eʒenedélʲnij]
numero (m)	номер (м)	[nómer]
fresco (agg)	свежий	[svéʒij]
testata (f)	заголовок (м)	[zagɔlóvɔk]
trafiletto (m)	заметка (ж)	[zamétka]
rubrica (f)	рубрика (ж)	[rúbrika]
articolo (m)	статья (ж)	[statjá]
pagina (f)	страница (ж)	[stranítsa]
servizio (m), reportage (m)	репортаж (м)	[repɔrtáʃ]
evento (m)	событие (с)	[sɔbĩtie]
sensazione (f)	сенсация (ж)	[sensátsija]
scandalo (m)	скандал (м)	[skandál]
scandaloso (agg)	скандальный	[skandálʲnij]
enorme (un ~ scandalo)	громкий	[grómkij]
trasmissione (f)	передача (ж)	[peredátʃa]
intervista (f)	интервью (с)	[intɛrvjú]

trasmissione (f) in diretta	прямая трансляция (ж)	[prɪmája translʲátsija]
canale (m)	канал (м)	[kanál]

102. Agricoltura

agricoltura (f)	сельское хозяйство (с)	[sélʲskɔe hɔzʲájstvɔ]
contadino (m)	крестьянин (м)	[krestjánin]
contadina (f)	крестьянка (ж)	[krestjánka]
fattore (m)	фермер (м)	[férmer]
trattore (m)	трактор (м)	[tráktɔr]
mietitrebbia (f)	комбайн (м)	[kɔmbájn]
aratro (m)	плуг (м)	[plúg]
arare (vt)	пахать (нсв, н/пх)	[pahátʲ]
terreno (m) coltivato	пашня (ж)	[páʃnʲa]
solco (m)	борозда (ж)	[bɔrɔzdá]
seminare (vt)	сеять (нсв, пх)	[séjatʲ]
seminatrice (f)	сеялка (ж)	[séjalka]
semina (f)	посев (м)	[pɔséf]
falce (f)	коса (ж)	[kɔsá]
falciare (vt)	косить (нсв, н/пх)	[kɔsítʲ]
pala (f)	лопата (ж)	[lɔpáta]
scavare (vt)	копать (нсв, пх)	[kɔpátʲ]
zappa (f)	тяпка (ж)	[tʲápka]
zappare (vt)	полоть (нсв, пх)	[pɔlótʲ]
erbaccia (f)	сорняк (м)	[sɔrnʲák]
innaffiatoio (m)	лейка (ж)	[léjka]
innaffiare (vt)	поливать (нсв, пх)	[pɔlivátʲ]
innaffiamento (m)	полив (м)	[pɔlíf]
forca (f)	вилы (мн)	[vílɪ]
rastrello (m)	грабли (мн)	[grábli]
concime (m)	удобрение (с)	[udɔbrénie]
concimare (vt)	удобрять (нсв, пх)	[udɔbrʲátʲ]
letame (m)	навоз (м)	[navós]
campo (m)	поле (с)	[póle]
prato (m)	луг (м)	[lúg]
orto (m)	огород (м)	[ɔgɔród]
frutteto (m)	сад (м)	[sád]
pascolare (vt)	пасти (нсв, пх)	[pastí]
pastore (m)	пастух (м)	[pastúh]
pascolo (m)	пастбище (с)	[pázbiʃe]
allevamento (m) di bestiame	животноводство (с)	[ʒivɔtnɔvótstvɔ]
allevamento (m) di pecore	овцеводство (с)	[ɔftsɛvótstvɔ]

piantagione (f)	плантация (ж)	[plantátsija]
filare (m) (un ~ di alberi)	грядка (ж)	[gr'átka]
serra (f) da orto	парник (м)	[parník]

siccità (f)	засуха (ж)	[zásuha]
secco, arido (un'estate ~a)	засушливый	[zasúʃlivij]

grano (m)	зерно (с)	[zernó]
cereali (m pl)	зерновые (мн)	[zernɔvíje]
raccogliere (vt)	убирать (нсв, пх)	[ubirát']

mugnaio (m)	мельник (м)	[mél'nik]
mulino (m)	мельница (ж)	[mél'nitsa]
macinare (~ il grano)	молоть (нсв, пх)	[mɔlót']
farina (f)	мука (ж)	[muká]
paglia (f)	солома (ж)	[sɔlóma]

103. Edificio. Attività di costruzione

cantiere (m) edile	стройка (ж)	[strójka]
costruire (vt)	строить (нсв, пх)	[stróit']
operaio (m) edile	строитель (м)	[strɔítel']

progetto (m)	проект (м)	[prɔǽkt]
architetto (m)	архитектор (м)	[arhitéktɔr]
operaio (m)	рабочий (м)	[rabóʧij]

fondamenta (f pl)	фундамент (м)	[fundáment]
tetto (m)	крыша (ж)	[krɨ́ʃa]
palo (m) di fondazione	свая (ж)	[svája]
muro (m)	стена (ж)	[stená]

barre (f pl) di rinforzo	арматура (ж)	[armatúra]
impalcatura (f)	строительные леса (мн)	[strɔítel'nie lesá]

beton (m)	бетон (м)	[betón]
granito (m)	гранит (м)	[granít]
pietra (f)	камень (м)	[kámen']
mattone (m)	кирпич (м)	[kirpíʧ]

sabbia (f)	песок (м)	[pesók]
cemento (m)	цемент (м)	[tsɛmént]
intonaco (m)	штукатурка (ж)	[ʃtukatúrka]
intonacare (vt)	штукатурить (нсв, пх)	[ʃtukatúrit']

pittura (f)	краска (ж)	[kráska]
pitturare (vt)	красить (нсв, пх)	[krásit']
botte (f)	бочка (ж)	[bóʧka]

gru (f)	кран (м)	[krán]
sollevare (vt)	поднимать (нсв, пх)	[pɔdnimát']
abbassare (vt)	опускать (нсв, пх)	[ɔpuskát']
bulldozer (m)	бульдозер (м)	[bul'dózer]
scavatrice (f)	экскаватор (м)	[ɛkskavátɔr]

cucchiaia (f)	ковш (м)	[kóvʃ]
scavare (vt)	копать (нсв, пх)	[kɔpátʲ]
casco (m) (~ di sicurezza)	каска (ж)	[káska]

Professioni e occupazioni

104. Ricerca di un lavoro. Licenziamento

lavoro (m)	работа (ж)	[rabóta]
organico (m)	сотрудники (мн)	[sotrúdniki]
personale (m)	персонал (м)	[persɔnál]
carriera (f)	карьера (ж)	[karjéra]
prospettiva (f)	перспектива (ж)	[perspektíva]
abilità (f pl)	мастерство (с)	[masterstvó]
selezione (f) (~ del personale)	подбор (м)	[pɔdbór]
agenzia (f) di collocamento	кадровое агентство (с)	[kádrɔvɔe agénstvɔ]
curriculum vitae (f)	резюме (с)	[rezʲumé]
colloquio (m)	собеседование (с)	[sɔbesédɔvanie]
posto (m) vacante	вакансия (ж)	[vakánsija]
salario (m)	зарплата (ж)	[zarpláta]
stipendio (m) fisso	оклад (м)	[ɔklád]
compenso (m)	оплата (ж)	[ɔpláta]
carica (f), funzione (f)	должность (ж)	[dólʒnɔstʲ]
mansione (f)	обязанность (ж)	[ɔbʲázanɔstʲ]
mansioni (f pl) di lavoro	круг (м)	[krúg]
occupato (agg)	занятой	[zanʲtój]
licenziare (vt)	уволить (св, пх)	[uvólitʲ]
licenziamento (m)	увольнение (с)	[uvɔlʲnénie]
disoccupazione (f)	безработица (ж)	[bezrabótitsa]
disoccupato (m)	безработный (м)	[bezrabótnij]
pensionamento (m)	пенсия (ж)	[pénsija]
andare in pensione	уйти на пенсию	[ujtí na pénsiju]

105. Gente d'affari

direttore (m)	директор (м)	[diréktɔr]
dirigente (m)	управляющий (м)	[upravlʲájuʃʲij]
capo (m)	руководитель, шеф (м)	[rukɔvɔdítelʲ], [ʃǽf]
superiore (m)	начальник (м)	[natʃálʲnik]
capi (m pl)	начальство (с)	[natʃálʲstvɔ]
presidente (m)	президент (м)	[prezidént]
presidente (m) (impresa)	председатель (м)	[pretsedátelʲ]
vice (m)	заместитель (м)	[zamestítelʲ]
assistente (m)	помощник (м)	[pɔmóʃnik]

segretario (m)	секретарь (м)	[sekretári]
assistente (m) personale	личный секретарь (м)	[líʧnij sekretári]
uomo (m) d'affari	бизнесмен (м)	[biznɛsmén]
imprenditore (m)	предприниматель (м)	[pretprinimátelʲ]
fondatore (m)	основатель (м)	[ɔsnɔvátelʲ]
fondare (vt)	основать (св, пх)	[ɔsnɔvátʲ]
socio (m)	учредитель (м)	[utʃredítelʲ]
partner (m)	партнёр (м)	[partnǿr]
azionista (m)	акционер (м)	[aktsiɔnér]
milionario (m)	миллионер (м)	[miliɔnér]
miliardario (m)	миллиардер (м)	[miliardér]
proprietario (m)	владелец (м)	[vladélets]
latifondista (m)	землевладелец (м)	[zemle·vladélets]
cliente (m) (di professionista)	клиент (м)	[kliént]
cliente (m) abituale	постоянный клиент (м)	[pɔstɔjánnij kliént]
compratore (m)	покупатель (м)	[pɔkupátelʲ]
visitatore (m)	посетитель (м)	[pɔsetítelʲ]
professionista (m)	профессионал (м)	[prɔfesiɔnál]
esperto (m)	эксперт (м)	[ɛkspért]
specialista (m)	специалист (м)	[spetsialíst]
banchiere (m)	банкир (м)	[bankír]
broker (m)	брокер (м)	[brɔ́ker]
cassiere (m)	кассир (м)	[kassír]
contabile (m)	бухгалтер (м)	[buhgálter]
guardia (f) giurata	охранник (м)	[ɔhránnik]
investitore (m)	инвестор (м)	[invéstɔr]
debitore (m)	должник (м)	[dɔlʒník]
creditore (m)	кредитор (м)	[kreditór]
mutuatario (m)	заёмщик (м)	[zajómʃik]
importatore (m)	импортёр (м)	[impɔrtǿr]
esportatore (m)	экспортёр (м)	[ɛkspɔrtǿr]
produttore (m)	производитель (м)	[prɔizvɔdítelʲ]
distributore (m)	дистрибьютор (м)	[distribjútɔr]
intermediario (m)	посредник (м)	[pɔsrédnik]
consulente (m)	консультант (м)	[kɔnsulʲtánt]
rappresentante (m)	представитель (м)	[pretstavítelʲ]
agente (m)	агент (м)	[agént]
assicuratore (m)	страховой агент (м)	[strahɔvój agént]

106. Professioni amministrative

cuoco (m)	повар (м)	[póvar]
capocuoco (m)	шеф-повар (м)	[ʃǽf-póvar]

fornaio (m)	пекарь (м)	[pékarʲ]
barista (m)	бармен (м)	[bármɛn]
cameriere (m)	официант (м)	[ɔfitsiánt]
cameriera (f)	официантка (ж)	[ɔfitsiántka]
avvocato (m)	адвокат (м)	[advɔkát]
esperto (m) legale	юрист (м)	[juríst]
notaio (m)	нотариус (м)	[nɔtárius]
elettricista (m)	электрик (м)	[ɛléktrik]
idraulico (m)	сантехник (м)	[santéhnik]
falegname (m)	плотник (м)	[plótnik]
massaggiatore (m)	массажист (м)	[masaʒĩst]
massaggiatrice (f)	массажистка (ж)	[masaʒĩstka]
medico (m)	врач (м)	[vrátʃ]
taxista (m)	таксист (м)	[taksíst]
autista (m)	шофёр (м)	[ʃɔfǿr]
fattorino (m)	курьер (м)	[kurjér]
cameriera (f)	горничная (ж)	[górnitʃnaja]
guardia (f) giurata	охранник (м)	[ɔhránnik]
hostess (f)	стюардесса (ж)	[stʲuardǽsa]
insegnante (m, f)	учитель (м)	[utʃítelʲ]
bibliotecario (m)	библиотекарь (м)	[bibliotékarʲ]
traduttore (m)	переводчик (м)	[perevóttʃik]
interprete (m)	переводчик (м)	[perevóttʃik]
guida (f)	гид (м)	[gíd]
parrucchiere (m)	парикмахер (м)	[parikmáher]
postino (m)	почтальон (м)	[pɔtʃtaljón]
commesso (m)	продавец (м)	[prɔdavéts]
giardiniere (m)	садовник (м)	[sadóvnik]
domestico (m)	слуга (ж)	[slugá]
domestica (f)	служанка (ж)	[sluʒánka]
donna (f) delle pulizie	уборщица (ж)	[ubórʃitsa]

107. Professioni militari e gradi

soldato (m) semplice	рядовой (м)	[rɪdɔvój]
sergente (m)	сержант (м)	[serʒánt]
tenente (m)	лейтенант (м)	[lejtenánt]
capitano (m)	капитан (м)	[kapitán]
maggiore (m)	майор (м)	[majór]
colonnello (m)	полковник (м)	[pɔlkóvnik]
generale (m)	генерал (м)	[generál]
maresciallo (m)	маршал (м)	[márʃal]
ammiraglio (m)	адмирал (м)	[admirál]
militare (m)	военный (м)	[vɔénnij]
soldato (m)	солдат (м)	[sɔldát]

ufficiale (m)	офицер (м)	[ɔfitsǽr]
comandante (m)	командир (м)	[kɔmandír]

guardia (f) di frontiera	пограничник (м)	[pɔgraníʧnik]
marconista (m)	радист (м)	[radíst]
esploratore (m)	разведчик (м)	[razvéʧik]
geniere (m)	сапёр (м)	[sapǿr]
tiratore (m)	стрелок (м)	[strelók]
navigatore (m)	штурман (м)	[ʃtúrman]

108. Funzionari. Sacerdoti

re (m)	король (м)	[kɔrólʲ]
regina (f)	королева (ж)	[kɔrɔléva]

principe (m)	принц (м)	[prínts]
principessa (f)	принцесса (ж)	[printsǽsa]

zar (m)	царь (м)	[tsárʲ]
zarina (f)	царица (ж)	[tsarítsa]

presidente (m)	президент (м)	[prezidént]
ministro (m)	министр (м)	[minístr]
primo ministro (m)	премьер-министр (м)	[premjér-minístr]
senatore (m)	сенатор (м)	[senátɔr]

diplomatico (m)	дипломат (м)	[diplɔmát]
console (m)	консул (м)	[kónsul]
ambasciatore (m)	посол (м)	[pɔsól]
consigliere (m)	советник (м)	[sɔvétnik]

funzionario (m)	чиновник (м)	[ʧinóvnik]
prefetto (m)	префект (м)	[prefékt]
sindaco (m)	мэр (м)	[mǽr]

giudice (m)	судья (ж)	[sudjá]
procuratore (m)	прокурор (м)	[prɔkurór]

missionario (m)	миссионер (м)	[misiɔnér]
monaco (m)	монах (м)	[mɔnáh]
abate (m)	аббат (м)	[abát]
rabbino (m)	раввин (м)	[ravín]

visir (m)	визирь (м)	[vizírʲ]
scià (m)	шах (м)	[ʃáh]
sceicco (m)	шейх (м)	[ʃǽjh]

109. Professioni agricole

apicoltore (m)	пчеловод (м)	[pʧelɔvód]
pastore (m)	пастух (м)	[pastúh]
agronomo (m)	агроном (м)	[agrɔnóm]

allevatore (m) di bestiame	животновод (м)	[ʒivɔtnɔvód]
veterinario (m)	ветеринар (м)	[veterinár]
fattore (m)	фермер (м)	[férmer]
vinificatore (m)	винодел (м)	[vinɔdél]
zoologo (m)	зоолог (м)	[zɔólɔg]
cowboy (m)	ковбой (м)	[kɔvbój]

110. Professioni artistiche

attore (m)	актёр (м)	[aktǿr]
attrice (f)	актриса (ж)	[aktrísa]
cantante (m)	певец (м)	[pevéʦ]
cantante (f)	певица (ж)	[pevíʦa]
danzatore (m)	танцор (м)	[tanʦór]
ballerina (f)	танцовщица (ж)	[tanʦóffitsa]
artista (m)	артист (м)	[artíst]
artista (f)	артистка (ж)	[artístka]
musicista (m)	музыкант (м)	[muzikánt]
pianista (m)	пианист (м)	[pianíst]
chitarrista (m)	гитарист (м)	[gitaríst]
direttore (m) d'orchestra	дирижёр (м)	[diriʒór]
compositore (m)	композитор (м)	[kɔmpɔzítɔr]
impresario (m)	импресарио (м)	[impresáriɔ]
regista (m)	режиссёр (м)	[reʒisǿr]
produttore (m)	продюсер (м)	[prɔdʲúsɛr]
sceneggiatore (m)	сценарист (м)	[sʦɛnaríst]
critico (m)	критик (м)	[krítik]
scrittore (m)	писатель (м)	[pisátelʲ]
poeta (m)	поэт (м)	[pɔǽt]
scultore (m)	скульптор (м)	[skúlʲptɔr]
pittore (m)	художник (м)	[hudóʒnik]
giocoliere (m)	жонглёр (м)	[ʒɔnglǿr]
pagliaccio (m)	клоун (м)	[klóun]
acrobata (m)	акробат (м)	[akrɔbát]
prestigiatore (m)	фокусник (м)	[fókusnik]

111. Professioni varie

medico (m)	врач (м)	[vráʧ]
infermiera (f)	медсестра (ж)	[metsestrá]
psichiatra (m)	психиатр (м)	[psihiátr]
dentista (m)	стоматолог (м)	[stɔmatólɔg]
chirurgo (m)	хирург (м)	[hirúrg]

| astronauta (m) | астронавт (м) | [astrɔnávt] |
| astronomo (m) | астроном (м) | [astrɔnóm] |

autista (m)	водитель (м)	[vɔdítelʲ]
macchinista (m)	машинист (м)	[maʃiníst]
meccanico (m)	механик (м)	[mehánik]

minatore (m)	шахтёр (м)	[ʃahtǿr]
operaio (m)	рабочий (м)	[rabótʃij]
operaio (m) metallurgico	слесарь (м)	[slésarʲ]
falegname (m)	столяр (м)	[stɔlʲár]
tornitore (m)	токарь (м)	[tókarʲ]
operaio (m) edile	строитель (м)	[strɔítelʲ]
saldatore (m)	сварщик (м)	[svárʃʲik]

professore (m)	профессор (м)	[prɔfésɔr]
architetto (m)	архитектор (м)	[arhitéktɔr]
storico (m)	историк (м)	[istórik]
scienziato (m)	учёный (м)	[utʃónij]
fisico (m)	физик (м)	[fízik]
chimico (m)	химик (м)	[hímik]

archeologo (m)	археолог (м)	[arheólɔg]
geologo (m)	геолог (м)	[geólɔg]
ricercatore (m)	исследователь (м)	[islédɔvatelʲ]

| baby-sitter (m, f) | няня (ж) | [nʲánʲa] |
| insegnante (m, f) | учитель (м) | [utʃítelʲ] |

redattore (m)	редактор (м)	[redáktɔr]
redattore capo (m)	главный редактор (м)	[glávnij redáktɔr]
corrispondente (m)	корреспондент (м)	[kɔrespɔndént]
dattilografa (f)	машинистка (ж)	[maʃinístka]

designer (m)	дизайнер (м)	[dizájner]
esperto (m) informatico	компьютерщик (м)	[kɔmpjútɛrʃʲik]
programmatore (m)	программист (м)	[prɔgramíst]
ingegnere (m)	инженер (м)	[inʒenér]

marittimo (m)	моряк (м)	[mɔrʲák]
marinaio (m)	матрос (м)	[matrós]
soccorritore (m)	спасатель (м)	[spasátelʲ]

pompiere (m)	пожарный (м)	[pɔʒárnij]
poliziotto (m)	полицейский (м)	[pɔlitsǽjskij]
guardiano (m)	сторож (м)	[stórɔʃ]
detective (m)	сыщик (м)	[sɨʃʲik]

doganiere (m)	таможенник (м)	[tamóʒenik]
guardia (f) del corpo	телохранитель (м)	[telɔhranítelʲ]
guardia (f) carceraria	охранник (м)	[ɔhránnik]
ispettore (m)	инспектор (м)	[inspéktɔr]

sportivo (m)	спортсмен (м)	[spɔrtsmén]
allenatore (m)	тренер (м)	[tréner]
macellaio (m)	мясник (м)	[mɪsník]

calzolaio (m)	сапожник (м)	[sapóʒnik]
uomo (m) d'affari	коммерсант (м)	[kɔmersánt]
caricatore (m)	грузчик (м)	[grúʃik]

| stilista (m) | модельер (м) | [mɔdɛljér] |
| modella (f) | модель (ж) | [mɔdǽlʲ] |

112. Attività lavorative. Condizione sociale

| scolaro (m) | школьник (м) | [ʃkólʲnik] |
| studente (m) | студент (м) | [studént] |

filosofo (m)	философ (м)	[filósɔf]
economista (m)	экономист (м)	[ɛkɔnɔmíst]
inventore (m)	изобретатель (м)	[izɔbretátelʲ]

disoccupato (m)	безработный (м)	[bezrabótnij]
pensionato (m)	пенсионер (м)	[pensiɔnér]
spia (f)	шпион (м)	[ʃpión]

detenuto (m)	заключённый (м)	[zaklʲutʃónnij]
scioperante (m)	забастовщик (м)	[zabastófʃik]
burocrate (m)	бюрократ (м)	[bʲurɔkrát]
viaggiatore (m)	путешественник (м)	[puteʃǽstvenik]

omosessuale (m)	гомосексуалист (м)	[gɔmɔ·sɛksualíst]
hacker (m)	хакер (м)	[háker]
hippy (m, f)	хиппи (м)	[híppi]

bandito (m)	бандит (м)	[bandít]
sicario (m)	наёмный убийца (м)	[najómnij ubíjtsa]
drogato (m)	наркоман (м)	[narkɔmán]
trafficante (m) di droga	торговец (м) наркотиками	[tɔrgóveʦ narkótikami]
prostituta (f)	проститутка (ж)	[prɔstitútka]
magnaccia (m)	сутенёр (м)	[sutenǿr]

stregone (m)	колдун (м)	[kɔldún]
strega (f)	колдунья (ж)	[kɔldúnja]
pirata (m)	пират (м)	[pirát]
schiavo (m)	раб (м)	[ráb]
samurai (m)	самурай (м)	[samurάj]
selvaggio (m)	дикарь (м)	[dikárʲ]

Sport

113. Tipi di sport. Sportivi

sportivo (m)	спортсмен (м)	[spɔrtsmén]
sport (m)	вид (м) спорта	[víd spórta]
pallacanestro (m)	баскетбол (м)	[basketból]
cestista (m)	баскетболист (м)	[basketbɔlíst]
baseball (m)	бейсбол (м)	[bejzból]
giocatore (m) di baseball	бейсболист (м)	[bejzbɔlíst]
calcio (m)	футбол (м)	[futból]
calciatore (m)	футболист (м)	[futbɔlíst]
portiere (m)	вратарь (м)	[vratárʲ]
hockey (m)	хоккей (м)	[hɔkéj]
hockeista (m)	хоккеист (м)	[hɔkeíst]
pallavolo (m)	волейбол (м)	[vɔlejból]
pallavolista (m)	волейболист (м)	[vɔlejbɔlíst]
pugilato (m)	бокс (м)	[bóks]
pugile (m)	боксёр (м)	[boksør]
lotta (f)	борьба (ж)	[borʲbá]
lottatore (m)	борец (м)	[boréts]
karate (m)	карате (с)	[karatǽ]
karateka (m)	каратист (м)	[karatíst]
judo (m)	дзюдо (с)	[dzʲudó]
judoista (m)	дзюдоист (м)	[dzʲudɔíst]
tennis (m)	теннис (м)	[tǽnis]
tennista (m)	теннисист (м)	[tɛnisíst]
nuoto (m)	плавание (с)	[plávanie]
nuotatore (m)	пловец (м)	[plɔvéts]
scherma (f)	фехтование (с)	[fehtɔvánie]
schermitore (m)	фехтовальщик (м)	[fehtɔválʲʃik]
scacchi (m pl)	шахматы (мн)	[ʃáhmati]
scacchista (m)	шахматист (м)	[ʃahmatíst]
alpinismo (m)	альпинизм (м)	[alʲpinízm]
alpinista (m)	альпинист (м)	[alʲpiníst]
corsa (f)	бег (м)	[bég]

corridore (m)	бегун (м)	[begún]
atletica (f) leggera	лёгкая атлетика (ж)	[lǿhkaja atlétika]
atleta (m)	атлет (м)	[atlét]

| ippica (f) | конный спорт (м) | [kónnij spórt] |
| fantino (m) | наездник (м) | [naéznik] |

pattinaggio (m) artistico	фигурное катание (с)	[figúrnɔe katánie]
pattinatore (m)	фигурист (м)	[figuríst]
pattinatrice (f)	фигуристка (ж)	[figurístka]

| pesistica (f) | тяжёлая атлетика (ж) | [tɪʒólaja atlétika] |
| pesista (m) | штангист (м) | [ʃtangíst] |

| automobilismo (m) | автогонки (ж мн) | [aftɔ·gónki] |
| pilota (m) | гонщик (м) | [gónʃik] |

| ciclismo (m) | велоспорт (м) | [velɔspórt] |
| ciclista (m) | велосипедист (м) | [velɔsipedíst] |

salto (m) in lungo	прыжки (м мн) в длину	[priʃkí v dlinú]
salto (m) con l'asta	прыжки (м мн) с шестом	[priʃkí s ʃɛstóm]
saltatore (m)	прыгун (м)	[prigún]

114. Tipi di sport. Varie

football (m) americano	американский футбол (м)	[amerikánskij futból]
badminton (m)	бадминтон (м)	[badmintón]
biathlon (m)	биатлон (м)	[biatlón]
biliardo (m)	бильярд (м)	[biljárd]

bob (m)	бобслей (м)	[bɔbsléj]
culturismo (m)	бодибилдинг (м)	[bɔdibílding]
pallanuoto (m)	водное поло (с)	[vódnɔe pólɔ]
pallamano (m)	гандбол (м)	[ganból]
golf (m)	гольф (м)	[gólʲf]

canottaggio (m)	гребля (ж)	[gréblʲa]
immersione (f) subacquea	дайвинг (м)	[dájving]
sci (m) di fondo	лыжные гонки (ж мн)	[lĩʒnie gónki]
tennis (m) da tavolo	настольный теннис (м)	[nastólʲnij tǽnis]

vela (f)	парусный спорт (м)	[párusnij spórt]
rally (m)	ралли (с)	[ráli]
rugby (m)	регби (с)	[rǽgbi]
snowboard (m)	сноуборд (м)	[snɔubórd]
tiro (m) con l'arco	стрельба (ж) из лука	[strelʲbá iz lúka]

115. Palestra

| bilanciere (m) | штанга (ж) | [ʃtánga] |
| manubri (m pl) | гантели (ж мн) | [gantéli] |

attrezzo (m) sportivo	тренажёр (м)	[trenaʒór]
cyclette (f)	велотренажёр (м)	[velɔ·trenaʒór]
tapis roulant (m)	беговая дорожка (ж)	[begɔvája dɔróʃka]

sbarra (f)	перекладина (ж)	[perekládina]
parallele (f pl)	брусья (мн)	[brúsja]
cavallo (m)	конь (м)	[kónʲ]
materassino (m)	мат (м)	[mát]

corda (f) per saltare	скакалка (ж)	[skakálka]
aerobica (f)	аэробика (ж)	[aɛróbika]
yoga (m)	йога (ж)	[jóga]

116. Sport. Varie

Giochi (m pl) Olimpici	Олимпийские игры (ж мн)	[ɔlimpíjskie ígri]
vincitore (m)	победитель (м)	[pɔbedítelʲ]
ottenere la vittoria	побеждать (нсв, нпх)	[pɔbeʒdátʲ]
vincere (vi)	выиграть (св, нпх)	[vīgratʲ]

| leader (m), capo (m) | лидер (м) | [líder] |
| essere alla guida | лидировать (нсв, нпх) | [lidírɔvatʲ] |

primo posto (m)	первое место (с)	[pérvɔe méstɔ]
secondo posto (m)	второе место (с)	[ftɔróe méstɔ]
terzo posto (m)	третье место (с)	[trétje méstɔ]

medaglia (f)	медаль (ж)	[medálʲ]
trofeo (m)	трофей (м)	[trɔféj]
coppa (f) (trofeo)	кубок (м)	[kúbɔk]
premio (m)	приз (м)	[prís]
primo premio (m)	главный приз (м)	[glávnij prís]

| record (m) | рекорд (м) | [rekórd] |
| stabilire un record | ставить рекорд | [stávitʲ rekórd] |

| finale (m) | финал (м) | [finál] |
| finale (agg) | финальный | [finálʲnij] |

| campione (m) | чемпион (м) | [tʃempión] |
| campionato (m) | чемпионат (м) | [tʃempiɔnát] |

stadio (m)	стадион (м)	[stadión]
tribuna (f)	трибуна (ж)	[tribúna]
tifoso, fan (m)	болельщик (м)	[bɔlélʲʃik]
avversario (m)	противник (м)	[prɔtívnik]

| partenza (f) | старт (м) | [stárt] |
| traguardo (m) | финиш (м) | [fíniʃ] |

sconfitta (f)	поражение (с)	[pɔraʒǽnie]
perdere (vt)	проиграть (св, нпх)	[prɔigrátʲ]
arbitro (m)	судья (ж)	[sudjá]
giuria (f)	жюри (с)	[ʒurí]

punteggio (m)	счёт (м)	[ʃót]
pareggio (m)	ничья (ж)	[nitʃjá]
pareggiare (vi)	сыграть вничью	[sɨgrátʲ vnitʃjú]
punto (m)	очко (с)	[ɔtʃkó]
risultato (m)	результат (м)	[rezulʲtát]

intervallo (m)	перерыв (м)	[pererïf]
doping (m)	допинг (м)	[dóping]
penalizzare (vt)	штрафовать (нсв, пх)	[ʃtrafɔvátʲ]
squalificare (vt)	дисквалифицировать (нсв, пх)	[diskvalifitsïrɔvatʲ]

attrezzatura (f)	снаряд (м)	[snarʲád]
giavellotto (m)	копьё (с)	[kɔpjǿ]
peso (m) (sfera metallica)	ядро (с)	[jɪdró]
biglia (f) (palla)	шар (м)	[ʃár]

obiettivo (m)	цель (ж)	[tsǽlʲ]
bersaglio (m)	мишень (ж)	[miʃǽnʲ]
sparare (vi)	стрелять (нсв, нпх)	[strelʲátʲ]
preciso (agg)	точный	[tótʃnij]

allenatore (m)	тренер (м)	[tréner]
allenare (vt)	тренировать (нсв, пх)	[trenirɔvátʲ]
allenarsi (vr)	тренироваться (нсв, возв)	[trenirɔvátsa]
allenamento (m)	тренировка (ж)	[trenirófka]

palestra (f)	спортзал (м)	[spɔrtzál]
esercizio (m)	упражнение (с)	[upraʒnénie]
riscaldamento (m)	разминка (ж)	[razmínka]

Istruzione

scuola (f)	школа (ж)	[ʃkóla]
direttore (m) di scuola	директор (м) школы	[diréktɔr ʃkóli]
allievo (m)	ученик (м)	[utʃeník]
allieva (f)	ученица (ж)	[utʃenítsa]
scolaro (m)	школьник (м)	[ʃkólʲnik]
scolara (f)	школьница (ж)	[ʃkólʲnitsa]
insegnare (qn)	учить (нсв, пх)	[utʃítʲ]
imparare (una lingua)	учить (нсв, пх)	[utʃítʲ]
imparare a memoria	учить наизусть	[utʃítʲ naizústʲ]
studiare (vi)	учиться (нсв, возв)	[utʃítsa]
frequentare la scuola	учиться (нсв, возв)	[utʃítsa]
andare a scuola	идти в школу	[itʲtí f ʃkólu]
alfabeto (m)	алфавит (м)	[alfavít]
materia (f)	предмет (м)	[predmét]
classe (f)	класс (м)	[klás]
lezione (f)	урок (м)	[urók]
ricreazione (f)	перемена (ж)	[pereména]
campanella (f)	звонок (м)	[zvɔnók]
banco (m)	парта (ж)	[párta]
lavagna (f)	доска (ж)	[dɔská]
voto (m)	отметка (ж)	[ɔtmétka]
voto (m) alto	хорошая отметка (ж)	[hɔróʃaja ɔtmétka]
voto (m) basso	плохая отметка (ж)	[plɔhája ɔtmétka]
dare un voto	ставить отметку	[stávitʲ ɔtmétku]
errore (m)	ошибка (ж)	[ɔʃípka]
fare errori	делать ошибки	[délatʲ ɔʃípki]
correggere (vt)	исправлять (нсв, пх)	[ispravlʲátʲ]
bigliettino (m)	шпаргалка (ж)	[ʃpargálka]
compiti (m pl)	домашнее задание (с)	[dɔmáʃnee zadánie]
esercizio (m)	упражнение (с)	[upraʒnénie]
essere presente	присутствовать (нсв, нпх)	[prisútstvɔvatʲ]
essere assente	отсутствовать (нсв, нпх)	[ɔtsútstvɔvatʲ]
mancare le lezioni	пропускать уроки	[prɔpuskátʲ uróki]
punire (vt)	наказывать (нсв, пх)	[nakázivatʲ]
punizione (f)	наказание (с)	[nakazánie]
comportamento (m)	поведение (с)	[pɔvedénie]

pagella (f)	дневник (м)	[dnevník]
matita (f)	карандаш (м)	[karandáʃ]
gomma (f) per cancellare	ластик (м)	[lástik]
gesso (m)	мел (м)	[mél]
astuccio (m) portamatite	пенал (м)	[penál]
cartella (f)	портфель (м)	[pɔrtfélʲ]
penna (f)	ручка (ж)	[rútʃka]
quaderno (m)	тетрадь (ж)	[tetrátʲ]
manuale (m)	учебник (м)	[utʃébnik]
compasso (m)	циркуль (м)	[tsĩrkulʲ]
disegnare (tracciare)	чертить (нсв, пх)	[tʃertítʲ]
disegno (m) tecnico	чертёж (м)	[tʃertǿʃ]
poesia (f)	стихотворение (с)	[stihotvorénie]
a memoria	наизусть	[naizústʲ]
imparare a memoria	учить наизусть	[utʃítʲ naizústʲ]
vacanze (f pl) scolastiche	каникулы (мн)	[kaníkulɨ]
essere in vacanza	быть на каникулах	[bɨ̃tʲ na kaníkulah]
passare le vacanze	провести каникулы	[provestí kaníkulɨ]
prova (f) scritta	контрольная работа (ж)	[kontrólʲnaja rabóta]
composizione (f)	сочинение (с)	[sotʃinénie]
dettato (m)	диктант (м)	[diktánt]
esame (m)	экзамен (м)	[ɛkzámen]
sostenere un esame	сдавать экзамены	[zdavátʲ ɛkzámenɨ]
esperimento (m)	опыт (м)	[ópɨt]

118. Istituto superiore. Università

accademia (f)	академия (ж)	[akadémija]
università (f)	университет (м)	[universitét]
facoltà (f)	факультет (м)	[fakulʲtét]
studente (m)	студент (м)	[studént]
studentessa (f)	студентка (ж)	[studéntka]
docente (m, f)	преподаватель (м)	[prepodavátelʲ]
aula (f)	аудитория (ж)	[auditórija]
diplomato (m)	выпускник (м)	[vɨpuskník]
diploma (m)	диплом (м)	[diplóm]
tesi (f)	диссертация (ж)	[disertátsija]
ricerca (f)	исследование (с)	[islédɔvanie]
laboratorio (m)	лаборатория (ж)	[labɔratórija]
lezione (f)	лекция (ж)	[léktsija]
compagno (m) di corso	однокурсник (м)	[ɔdnɔkúrsnik]
borsa (f) di studio	стипендия (ж)	[stipéndija]
titolo (m) accademico	учёная степень (ж)	[utʃónaja stépenʲ]

119. Scienze. Discipline

matematica (f)	математика (ж)	[matemátika]
algebra (f)	алгебра (ж)	[álgebra]
geometria (f)	геометрия (ж)	[geométrija]
astronomia (f)	астрономия (ж)	[astronómija]
biologia (f)	биология (ж)	[biológija]
geografia (f)	география (ж)	[geográfija]
geologia (f)	геология (ж)	[geológija]
storia (f)	история (ж)	[istórija]
medicina (f)	медицина (ж)	[meditsīna]
pedagogia (f)	педагогика (ж)	[pedagógika]
diritto (m)	право (c)	[právo]
fisica (f)	физика (ж)	[fízika]
chimica (f)	химия (ж)	[hímija]
filosofia (f)	философия (ж)	[filosófija]
psicologia (f)	психология (ж)	[psihológija]

120. Sistema di scrittura. Ortografia

grammatica (f)	грамматика (ж)	[gramátika]
lessico (m)	лексика (ж)	[léksika]
fonetica (f)	фонетика (ж)	[fonǽtika]
sostantivo (m)	существительное (c)	[suʃestvítelʲnoe]
aggettivo (m)	прилагательное (c)	[prilagátelʲnoe]
verbo (m)	глагол (м)	[glagól]
avverbio (m)	наречие (c)	[narétʃie]
pronome (m)	местоимение (c)	[mestoiménie]
interiezione (f)	междометие (c)	[meʒdométie]
preposizione (f)	предлог (м)	[predlóg]
radice (f)	корень (м) слова	[kórenʲ slóva]
desinenza (f)	окончание (c)	[okontʃánie]
prefisso (m)	приставка (ж)	[pristáfka]
sillaba (f)	слог (м)	[slóg]
suffisso (m)	суффикс (м)	[súfiks]
accento (m)	ударение (c)	[udarénie]
apostrofo (m)	апостроф (м)	[apóstrof]
punto (m)	точка (ж)	[tótʃka]
virgola (f)	запятая (ж)	[zapɪtája]
punto (m) e virgola	точка (ж) с запятой	[tótʃka s zapɪtój]
due punti	двоеточие (c)	[dvoetótʃie]
puntini di sospensione	многоточие (c)	[mnogotótʃie]
punto (m) interrogativo	вопросительный знак (м)	[voprosítelʲnij znák]
punto (m) esclamativo	восклицательный знак (м)	[vosklitsátelʲnij znák]

virgolette (f pl)	кавычки (ж мн)	[kavɨ́tʃki]
tra virgolette	в кавычках	[f kavɨ́tʃkah]
parentesi (f pl)	скобки (ж мн)	[skópki]
tra parentesi	в скобках	[f skópkah]
trattino (m)	дефис (м)	[defís]
lineetta (f)	тире (c)	[tirǽ]
spazio (m) (tra due parole)	пробел (м)	[prɔbél]
lettera (f)	буква (ж)	[búkva]
lettera (f) maiuscola	большая буква (ж)	[bɔlʲʃája búkva]
vocale (f)	гласный звук (м)	[glásnɨj zvúk]
consonante (f)	согласный звук (м)	[sɔglásnɨj zvúk]
proposizione (f)	предложение (c)	[predlɔʒǽnie]
soggetto (m)	подлежащее (c)	[pɔdleʒáʃʲee]
predicato (m)	сказуемое (c)	[skazúemɔe]
riga (f)	строка (ж)	[strɔká]
a capo	с новой строки	[s nóvɔj strɔkí]
capoverso (m)	абзац (м)	[abzáts]
parola (f)	слово (c)	[slóvɔ]
gruppo (m) di parole	словосочетание (c)	[slɔvɔ·sɔtʃetánie]
espressione (f)	выражение (c)	[viraʒǽnie]
sinonimo (m)	синоним (м)	[sinónim]
antonimo (m)	антоним (м)	[antónim]
regola (f)	правило (c)	[právilɔ]
eccezione (f)	исключение (c)	[isklʲutʃénie]
giusto (corretto)	верный	[vérnij]
coniugazione (f)	спряжение (c)	[sprɨʒǽnie]
declinazione (f)	склонение (c)	[sklɔnénie]
caso (m) nominativo	падеж (м)	[padéʃ]
domanda (f)	вопрос (м)	[vɔprós]
sottolineare (vt)	подчеркнуть (св, пх)	[pɔttʃerknútʲ]
linea (f) tratteggiata	пунктир (м)	[punktír]

121. Lingue straniere

lingua (f)	язык (м)	[jɪzɨ̃k]
straniero (agg)	иностранный	[inɔstránnij]
lingua (f) straniera	иностранный язык (м)	[inɔstránnij jɪzɨ̃k]
studiare (vt)	изучать (нсв, пх)	[izutʃátʲ]
imparare (una lingua)	учить (нсв, пх)	[utʃítʲ]
leggere (vi, vt)	читать (нсв, н/пх)	[tʃitátʲ]
parlare (vi, vt)	говорить (нсв, н/пх)	[gɔvɔrítʲ]
capire (vt)	понимать (нсв, пх)	[pɔnimátʲ]
scrivere (vi, vt)	писать (нсв, пх)	[pisátʲ]
rapidamente	быстро	[bɨ̃strɔ]
lentamente	медленно	[médlenɔ]

correntemente	свободно (с мн)	[svɔbódnɔ]
regole (f pl)	правила (с мн)	[právila]
grammatica (f)	грамматика (ж)	[gramátika]
lessico (m)	лексика (ж)	[léksika]
fonetica (f)	фонетика (ж)	[fɔnǽtika]

manuale (m)	учебник (м)	[utʃébnik]
dizionario (m)	словарь (м)	[slɔvárʲ]
manuale (m) autodidattico	самоучитель (м)	[samɔutʃítelʲ]
frasario (m)	разговорник (м)	[razgɔvórnik]

cassetta (f)	кассета (ж)	[kaséta]
videocassetta (f)	видеокассета (ж)	[vídeɔ·kaséta]
CD (m)	компакт-диск (м)	[kɔmpákt-dísk]
DVD (m)	DVD-диск (м)	[di·vi·dí dísk]

alfabeto (m)	алфавит (м)	[alfavít]
compitare (vt)	говорить по буквам	[gɔvɔrítʲ pɔ búkvam]
pronuncia (f)	произношение (с)	[prɔiznɔʃǽnie]

accento (m)	акцент (м)	[aktsǽnt]
con un accento	с акцентом	[s aktsǽntɔm]
senza accento	без акцента	[bez aktsǽnta]

| vocabolo (m) | слово (с) | [slóvɔ] |
| significato (m) | смысл (м) | [smĩsl] |

corso (m) (~ di francese)	курсы (мн)	[kúrsi]
iscriversi (vr)	записаться (св, возв)	[zapisátsa]
insegnante (m, f)	преподаватель (м)	[prepɔdavátelʲ]

traduzione (f) (fare una ~)	перевод (м)	[perevód]
traduzione (f) (un testo)	перевод (м)	[perevód]
traduttore (m)	переводчик (м)	[perevóttʃik]
interprete (m)	переводчик (м)	[perevóttʃik]

| poliglotta (m) | полиглот (м) | [pɔliglót] |
| memoria (f) | память (ж) | [pámɪtʲ] |

122. Personaggi delle fiabe

Babbo Natale (m)	Санта Клаус (м)	[sánta kláus]
Cenerentola (f)	Золушка (ж)	[zóluʃka]
sirena (f)	русалка (ж)	[rusálka]
Nettuno (m)	Нептун (м)	[neptún]

mago (m)	волшебник (м)	[vɔlʃǽbnik]
fata (f)	волшебница (ж)	[vɔlʃǽbnitsa]
magico (agg)	волшебный	[vɔlʃǽbnij]
bacchetta (f) magica	волшебная палочка (ж)	[vɔlʃǽbnaja pálɔtʃka]

fiaba (f), favola (f)	сказка (ж)	[skáska]
miracolo (m)	чудо (с)	[tʃúdɔ]
nano (m)	гном (м)	[gnóm]

trasformarsi in ...	превратиться в ... (св)	[prevratítsa f ...]
fantasma (m)	призрак (м)	[prízrak]
spettro (m)	привидение (с)	[prividénie]
mostro (m)	чудовище (с)	[ʧudóviʃe]
drago (m)	дракон (м)	[drakón]
gigante (m)	великан (м)	[velikán]

123. Segni zodiacali

Ariete (m)	Овен (м)	[ɔven]
Toro (m)	Телец (м)	[teléʦ]
Gemelli (m pl)	Близнецы (мн)	[bliznetsɨ]
Cancro (m)	Рак (м)	[rák]
Leone (m)	Лев (м)	[léf]
Vergine (f)	Дева (ж)	[déva]
Bilancia (f)	Весы (мн)	[vesɨ]
Scorpione (m)	Скорпион (м)	[skɔrpión]
Sagittario (m)	Стрелец (м)	[streléʦ]
Capricorno (m)	Козерог (м)	[kɔzeróg]
Acquario (m)	Водолей (м)	[vɔdɔléj]
Pesci (m pl)	Рыбы (мн)	[rɨbi]
carattere (m)	характер (м)	[harákter]
tratti (m pl) del carattere	черты (ж мн) характера	[ʧertɨ haráktera]
comportamento (m)	поведение (с)	[pɔvedénie]
predire il futuro	гадать (нсв, нпх)	[gadátʲ]
cartomante (f)	гадалка (ж)	[gadálka]
oroscopo (m)	гороскоп (м)	[gɔrɔskóp]

Arte

teatro (m)	театр (м)	[teátr]
opera (f)	опера (ж)	[ópera]
operetta (f)	оперетта (ж)	[ɔperétta]
balletto (m)	балет (м)	[balét]
cartellone (m)	афиша (ж)	[afíʃa]
compagnia (f) teatrale	труппа (ж)	[trúpa]
tournée (f)	гастроли (мн)	[gastróli]
andare in tourn?e	гастролировать (нсв, нпх)	[gastrɔlírɔvatʲ]
fare le prove	репетировать (нсв, н/пх)	[repetírɔvatʲ]
prova (f)	репетиция (ж)	[repetítsija]
repertorio (m)	репертуар (м)	[repertuár]
rappresentazione (f)	представление (с)	[pretstavlénie]
spettacolo (m)	спектакль (м)	[spektáklʲ]
opera (f) teatrale	пьеса (ж)	[pjésa]
biglietto (m)	билет (м)	[bilét]
botteghino (m)	билетная касса (ж)	[bilétnaja kássa]
hall (f)	холл (м)	[hól]
guardaroba (f)	гардероб (м)	[garderób]
cartellino (m) del guardaroba	номерок (м)	[nɔmerók]
binocolo (m)	бинокль (м)	[binóklʲ]
maschera (f)	контролёр (м)	[kɔntrɔlǿr]
platea (f)	партер (м)	[partǽr]
balconata (f)	балкон (м)	[balkón]
prima galleria (f)	бельэтаж (м)	[beljetáʃ]
palco (m)	ложа (ж)	[lóʒa]
fila (f)	ряд (м)	[rʲád]
posto (m)	место (с)	[méstɔ]
pubblico (m)	публика (ж)	[públika]
spettatore (m)	зритель (м)	[zrítelʲ]
battere le mani	хлопать (нсв, нпх)	[hlópatʲ]
applauso (m)	аплодисменты (мн)	[aplɔdisménti]
ovazione (f)	овации (ж мн)	[ɔvátsii]
palcoscenico (m)	сцена (ж)	[stsǽna]
sipario (m)	занавес (м)	[zánaves]
scenografia (f)	декорация (ж)	[dekɔrátsija]
quinte (f pl)	кулисы (мн)	[kulísi]
scena (f) (l'ultima ~)	сцена (ж)	[stsǽna]
atto (m)	акт (м)	[ákt]
intervallo (m)	антракт (м)	[antrákt]

125. Cinema

attore (m)	актёр (м)	[aktǿr]
attrice (f)	актриса (ж)	[aktrísa]
cinema (m) (industria)	кино (с)	[kinó]
film (m)	кино, фильм (м)	[kinó], [fílʲm]
puntata (f)	серия (ж)	[sérija]
film (m) giallo	детектив (м)	[dɛtɛktíf]
film (m) d'azione	боевик (м)	[bɔevík]
film (m) d'avventure	приключенческий фильм (м)	[priklʲutʃéntʃeskij fílʲm]
film (m) di fantascienza	фантастический фильм (м)	[fantastítʃeskij fílʲm]
film (m) d'orrore	фильм (м) ужасов	[fílʲm úʒasɔf]
film (m) comico	кинокомедия (ж)	[kino·kɔmédija]
melodramma (m)	мелодрама (ж)	[melɔdráma]
dramma (m)	драма (ж)	[dráma]
film (m) a soggetto	художественный фильм (м)	[hudóʒestvenij fílʲm]
documentario (m)	документальный фильм (м)	[dɔkumentálʲnij fílʲm]
cartoni (m pl) animati	мультфильм (м)	[mulʲtfílʲm]
cinema (m) muto	немое кино (с)	[nemóe kinó]
parte (f)	роль (ж)	[rólʲ]
parte (f) principale	главная роль (ж)	[glávnaja rólʲ]
recitare (vi, vt)	играть (нсв, н/пх)	[igrátʲ]
star (f), stella (f)	кинозвезда (ж)	[kino·zvezdá]
noto (agg)	известный	[izvésnij]
famoso (agg)	знаменитый	[znamenítij]
popolare (agg)	популярный	[pɔpulʲárnij]
sceneggiatura (m)	сценарий (м)	[stsɛnárij]
sceneggiatore (m)	сценарист (м)	[stsɛnaríst]
regista (m)	режиссёр (м)	[reʒisǿr]
produttore (m)	продюсер (м)	[prɔdʲúsɛr]
assistente (m)	ассистент (м)	[asistént]
cameraman (m)	оператор (м)	[ɔperátɔr]
cascatore (m)	каскадёр (м)	[kaskadǿr]
controfigura (f)	дублёр (м)	[dublǿr]
girare un film	снимать фильм	[snimátʲ fílʲm]
provino (m)	пробы (мн)	[próbi]
ripresa (f)	съёмки (мн)	[sjómki]
troupe (f) cinematografica	съёмочная группа (ж)	[sjómɔtʃnaja grúpa]
set (m)	съёмочная площадка (ж)	[sjómɔtʃnaja plɔʃátka]
cinepresa (f)	кинокамера (ж)	[kino·kámera]
cinema (m) (~ all'aperto)	кинотеатр (м)	[kinoteátr]
schermo (m)	экран (м)	[ɛkrán]

proiettare un film	показывать фильм	[pokázivat' fíl'm]
colonna (f) sonora	звуковая дорожка (ж)	[zvukovája doróʃka]
effetti (m pl) speciali	специальные эффекты (м мн)	[speʦiál'nie ɛfékti]
sottotitoli (m pl)	субтитры (мн)	[suptítri]
titoli (m pl) di coda	титры (мн)	[títri]
traduzione (f)	перевод (м)	[perevód]

126. Pittura

arte (f)	искусство (с)	[iskústvo]
belle arti (f pl)	изящные искусства (с мн)	[iz'áʃnie iskústva]
galleria (f) d'arte	арт-галерея (ж)	[art-galeréja]
mostra (f)	выставка (ж) картин	[vīstafka kartín]

pittura (f)	живопись (ж)	[ʒīvopis']
grafica (f)	графика (ж)	[gráfika]
astrattismo (m)	абстракционизм (м)	[abstrakʦionízm]
impressionismo (m)	импрессионизм (м)	[impresionízm]

quadro (m)	картина (ж)	[kartína]
disegno (m)	рисунок (м)	[risúnok]
cartellone, poster (m)	постер (м)	[póstɛr]

illustrazione (f)	иллюстрация (ж)	[il'ustráʦija]
miniatura (f)	миниатюра (ж)	[miniat'úra]
copia (f)	копия (ж)	[kópija]
riproduzione (f)	репродукция (ж)	[reprodúkʦija]

mosaico (m)	мозаика (ж)	[mozáika]
vetrata (f)	витраж (м)	[vitráʃ]
affresco (m)	фреска (ж)	[fréska]
incisione (f)	гравюра (ж)	[grav'úra]

busto (m)	бюст (м)	[b'úst]
scultura (f)	скульптура (ж)	[skul'ptúra]
statua (f)	статуя (ж)	[státuja]
gesso (m)	гипс (м)	[gíps]
in gesso	из гипса	[iz gípsa]

ritratto (m)	портрет (м)	[portrét]
autoritratto (m)	автопортрет (м)	[afto·portrét]
paesaggio (m)	пейзаж (м)	[pejzáʃ]
natura (f) morta	натюрморт (м)	[nat'urmórt]
caricatura (f)	карикатура (ж)	[karikatúra]
abbozzo (m)	набросок (м)	[nabrósok]

colore (m)	краска (ж)	[kráska]
acquerello (m)	акварель (ж)	[akvarél']
olio (m)	масло (с)	[máslo]
matita (f)	карандаш (м)	[karandáʃ]
inchiostro (m) di china	тушь (ж)	[túʃ]
carbone (m)	уголь (м)	[úgol']
disegnare (a matita)	рисовать (нсв, н/пх)	[risovát']

dipingere (un quadro)	рисовать (нсв, н/пх)	[risɔvátʲ]
posare (vi)	позировать (нсв, нпх)	[pɔzírɔvatʲ]
modello (m)	натурщик (м)	[natúrʃik]
modella (f)	натурщица (ж)	[natúrʃitsa]

pittore (m)	художник (м)	[hudóʒnik]
opera (f) d'arte	произведение (с)	[prɔizvedénie]
capolavoro (m)	шедевр (м)	[ʃɛdǽvr]
laboratorio (m) (di artigiano)	мастерская (ж)	[masterskája]

tela (f)	холст (м)	[hólst]
cavalletto (m)	мольберт (м)	[mɔlʲbért]
tavolozza (f)	палитра (ж)	[palítra]

cornice (f) (~ di un quadro)	рама (ж)	[ráma]
restauro (m)	реставрация (ж)	[restavrátsija]
restaurare (vt)	реставрировать (нсв, пх)	[restavrírɔvatʲ]

127. Letteratura e poesia

letteratura (f)	литература (ж)	[literatúra]
autore (m)	автор (м)	[áftɔr]
pseudonimo (m)	псевдоним (м)	[psevdɔním]

libro (m)	книга (ж)	[kníga]
volume (m)	том (м)	[tóm]
sommario (m), indice (m)	оглавление (с)	[ɔglavlénie]
pagina (f)	страница (ж)	[stranítsa]
protagonista (m)	главный герой (м)	[glávnij gerój]
autografo (m)	автограф (м)	[aftógraf]

racconto (m)	рассказ (м)	[raskás]
romanzo (m) breve	повесть (ж)	[póvestʲ]
romanzo (m)	роман (м)	[rɔmán]
opera (f) (~ letteraria)	сочинение (с)	[sɔtʃinénie]
favola (f)	басня (ж)	[básnʲa]
giallo (m)	детектив (м)	[dɛtɛktíf]
verso (m)	стихотворение (с)	[stihɔtvɔrénie]
poesia (f) (~ lirica)	поэзия (ж)	[pɔǽzija]
poema (m)	поэма (ж)	[pɔǽma]
poeta (m)	поэт (м)	[pɔǽt]

narrativa (f)	беллетристика (ж)	[beletrístika]
fantascienza (f)	научная фантастика (ж)	[naútʃnaja fantástika]
avventure (f pl)	приключения (ж)	[priklʲutʃénija]
letteratura (f) formativa	учебная литература (ж)	[utʃébnaja literatúra]
libri (m pl) per l'infanzia	детская литература (ж)	[détskaja literatúra]

128. Circo

circo (m)	цирк (м)	[tsīrk]
tendone (m) del circo	цирк-шапито (м)	[tsīrk-ʃapitó]

programma (m)	программа (ж)	[prɔgráma]
spettacolo (m)	представление (c)	[pretstavlénie]
numero (m)	номер (м)	[nómer]
arena (f)	арена (ж)	[aréna]
pantomima (m)	пантомима (ж)	[pantɔmíma]
pagliaccio (m)	клоун (м)	[klóun]
acrobata (m)	акробат (м)	[akrɔbát]
acrobatica (f)	акробатика (ж)	[akrɔbátika]
ginnasta (m)	гимнаст (м)	[gimnást]
ginnastica (m)	гимнастика (ж)	[gimnástika]
salto (m) mortale	сальто (c)	[sálʲtɔ]
forzuto (m)	атлет (м)	[atlét]
domatore (m)	укротитель (м)	[ukrɔtítelʲ]
cavallerizzo (m)	наездник (м)	[naéznik]
assistente (m)	ассистент (м)	[asistént]
acrobazia (f)	трюк (м)	[trʲúk]
gioco (m) di prestigio	фокус (м)	[fókus]
prestigiatore (m)	фокусник (м)	[fókusnik]
giocoliere (m)	жонглёр (м)	[ʒɔnglǿr]
giocolare (vi)	жонглировать (нсв, н/пх)	[ʒɔnglírɔvatʲ]
ammaestratore (m)	дрессировщик (м)	[dresiróffik]
ammaestramento (m)	дрессировка (ж)	[dresirófka]
ammaestrare (vt)	дрессировать (нсв, пх)	[dresirɔvátʲ]

129. Musica. Musica pop

musica (f)	музыка (ж)	[múzɨka]
musicista (m)	музыкант (м)	[muzɨkánt]
strumento (m) musicale	музыкальный инструмент (м)	[muzɨkálʲnij instrumént]
suonare ...	играть на ... (нсв)	[igrátʲ na ...]
chitarra (f)	гитара (ж)	[gitára]
violino (m)	скрипка (ж)	[skrípka]
violoncello (m)	виолончель (ж)	[viɔlɔnʧélʲ]
contrabbasso (m)	контрабас (м)	[kɔntrabás]
arpa (f)	арфа (ж)	[árfa]
pianoforte (m)	пианино (c)	[pianínɔ]
pianoforte (m) a coda	рояль (м)	[rɔjálʲ]
organo (m)	орган (м)	[ɔrgán]
strumenti (m pl) a fiato	духовые инструменты (м мн)	[duhɔvīe instruménti]
oboe (m)	гобой (м)	[gɔbój]
sassofono (m)	саксофон (м)	[saksɔfón]
clarinetto (m)	кларнет (м)	[klarnét]
flauto (m)	флейта (ж)	[fléjta]

tromba (f)	труба (ж)	[trubá]
fisarmonica (f)	аккордеон (м)	[akɔrdeón]
tamburo (m)	барабан (м)	[barabán]
duetto (m)	дуэт (м)	[duǽt]
trio (m)	трио (с)	[tríɔ]
quartetto (m)	квартет (м)	[kvartét]
coro (m)	хор (м)	[hór]
orchestra (f)	оркестр (м)	[ɔrkéstr]
musica (f) pop	поп-музыка (ж)	[póp-múzika]
musica (f) rock	рок-музыка (ж)	[rók-múzika]
gruppo (m) rock	рок-группа (ж)	[rɔk-grúpa]
jazz (m)	джаз (м)	[dʒás]
idolo (m)	кумир (м)	[kumír]
ammiratore (m)	поклонник (м)	[pɔklónnik]
concerto (m)	концерт (м)	[kɔntsǽrt]
sinfonia (f)	симфония (ж)	[simfónija]
composizione (f)	сочинение (с)	[sɔtʃinénie]
comporre (vt), scrivere (vt)	сочинить (св, пх)	[sɔtʃinítʲ]
canto (m)	пение (с)	[pénie]
canzone (f)	песня (ж)	[pésnʲa]
melodia (f)	мелодия (ж)	[melódija]
ritmo (m)	ритм (м)	[rítm]
blues (m)	блюз (м)	[blʲús]
note (f pl)	ноты (ж мн)	[nóti]
bacchetta (f)	палочка (ж)	[pálɔtʃka]
arco (m)	смычок (м)	[smitʃók]
corda (f)	струна (ж)	[struná]
custodia (f) (~ della chitarra)	футляр (м)	[futlʲár]

Ristorante. Intrattenimento. Viaggi

130. Escursione. Viaggio

turismo (m)	туризм (м)	[turízm]
turista (m)	турист (м)	[turíst]
viaggio (m) (all'estero)	путешествие (с)	[puteʃǽstvie]
avventura (f)	приключение (с)	[priklʲutʃénie]
viaggio (m) (corto)	поездка (ж)	[pɔéstka]
vacanza (f)	отпуск (м)	[ótpusk]
essere in vacanza	быть в отпуске	[bɨtʲ v ótpuske]
riposo (m)	отдых (м)	[ótdɨh]
treno (m)	поезд (м)	[póezd]
in treno	поездом	[póezdɔm]
aereo (m)	самолёт (м)	[samɔlót]
in aereo	самолётом	[samɔlótɔm]
in macchina	на автомобиле	[na aftɔmɔbíle]
in nave	на корабле	[na kɔrablé]
bagaglio (m)	багаж (м)	[bagáʃ]
valigia (f)	чемодан (м)	[tʃemɔdán]
carrello (m)	тележка (ж) для багажа	[teléʃka dlʲa bagaʒá]
passaporto (m)	паспорт (м)	[pásport]
visto (m)	виза (ж)	[víza]
biglietto (m)	билет (м)	[bilét]
biglietto (m) aereo	авиабилет (м)	[aviabilét]
guida (f)	путеводитель (м)	[putevɔdítelʲ]
carta (f) geografica	карта (ж)	[kárta]
località (f)	местность (ж)	[mésnɔstʲ]
luogo (m)	место (с)	[méstɔ]
ogetti (m pl) esotici	экзотика (ж)	[ɛkzótika]
esotico (agg)	экзотический	[ɛkzɔtítʃeskij]
sorprendente (agg)	удивительный	[udivítelʲnij]
gruppo (m)	группа (ж)	[grúpa]
escursione (f)	экскурсия (ж)	[ɛkskúrsija]
guida (f) (cicerone)	экскурсовод (м)	[ɛkskursɔvód]

131. Hotel

albergo (m)	гостиница (ж)	[gɔstínitsa]
motel (m)	мотель (м)	[mɔtǽlʲ]
tre stelle	3 звезды	[trí zvezdɨ]

| cinque stelle | 5 звёзд | [pⁱátⁱ zvǿzd] |
| alloggiare (vi) | остановиться (св, возв) | [ɔstanɔvítsa] |

camera (f)	номер (м)	[nómer]
camera (f) singola	одноместный номер (м)	[ɔdnɔ·mésnij nómer]
camera (f) doppia	двухместный номер (м)	[dvuh·mésnij nómer]
prenotare una camera	бронировать номер	[brɔnírɔvatⁱ nómer]

| mezza pensione (f) | полупансион (м) | [pɔlu·pansión] |
| pensione (f) completa | полный пансион (м) | [pólnij pansión] |

con bagno	с ванной	[s vánnɔj]
con doccia	с душем	[s dúʃɛm]
televisione (f) satellitare	спутниковое телевидение (c)	[spútnikɔvɔe televídenie]

condizionatore (m)	кондиционер (м)	[kɔnditsiɔnér]
asciugamano (m)	полотенце (c)	[pɔlɔténtse]
chiave (f)	ключ (м)	[klⁱúʧ]

amministratore (m)	администратор (м)	[administrátɔr]
cameriera (f)	горничная (ж)	[górniʧnaja]
portabagagli (m)	носильщик (м)	[nɔsílⁱʃik]
portiere (m)	портье (c)	[pɔrtjé]

ristorante (m)	ресторан (м)	[restɔrán]
bar (m)	бар (м)	[bár]
colazione (f)	завтрак (м)	[záftrak]
cena (f)	ужин (м)	[úʒin]
buffet (m)	шведский стол (м)	[ʃvétskij stól]

| hall (f) (atrio d'ingresso) | вестибюль (м) | [vestibⁱúlⁱ] |
| ascensore (m) | лифт (м) | [líft] |

| NON DISTURBARE | НЕ БЕСПОКОИТЬ | [ne bespɔkóitⁱ] |
| VIETATO FUMARE! | НЕ КУРИТЬ! | [ne kurítⁱ] |

132. Libri. Lettura

libro (m)	книга (ж)	[kníga]
autore (m)	автор (м)	[áftɔr]
scrittore (m)	писатель (м)	[pisátelⁱ]
scrivere (vi, vt)	написать (св, пх)	[napisátⁱ]

lettore (m)	читатель (м)	[ʧitátelⁱ]
leggere (vi, vt)	читать (нсв, н/пх)	[ʧitátⁱ]
lettura (f) (sala di ~)	чтение (c)	[ʧténie]

| in silenzio (leggere ~) | про себя | [prɔ sebⁱá] |
| ad alta voce | вслух | [fslúh] |

pubblicare (vt)	издавать (нсв, пх)	[izdavátⁱ]
pubblicazione (f)	издание (c)	[izdánie]
editore (m)	издатель (м)	[izdátelⁱ]
casa (f) editrice	издательство (c)	[izdátelⁱstvɔ]

uscire (vi)	выйти (св, нпх)	[vïjti]
uscita (f)	выход (м)	[vïhɔd]
tiratura (f)	тираж (м)	[tiráʃ]
libreria (f)	книжный магазин (м)	[kníʒnij magazín]
biblioteca (f)	библиотека (ж)	[bibliotéka]
romanzo (m) breve	повесть (ж)	[póvestʲ]
racconto (m)	рассказ (м)	[raskás]
romanzo (m)	роман (м)	[rɔmán]
giallo (m)	детектив (м)	[dɛtɛktíf]
memorie (f pl)	мемуары (мн)	[memuári]
leggenda (f)	легенда (ж)	[legénda]
mito (m)	миф (м)	[míf]
poesia (f), versi (m pl)	стихи (м мн)	[stihí]
autobiografia (f)	автобиография (ж)	[áftɔ·biɔgráfija]
opere (f pl) scelte	избранное (с)	[ízbrannɔe]
fantascienza (f)	фантастика (ж)	[fantástika]
titolo (m)	название (с)	[nazvánie]
introduzione (f)	введение (с)	[vvedénie]
frontespizio (m)	титульный лист (м)	[títulʲnij líst]
capitolo (m)	глава (ж)	[glavá]
frammento (m)	отрывок (м)	[ɔtrïvɔk]
episodio (m)	эпизод (м)	[ɛpizód]
soggetto (m)	сюжет (м)	[sʲuʒæt]
contenuto (m)	содержание (с)	[sɔderʒánie]
sommario (m)	оглавление (с)	[ɔglavlénie]
protagonista (m)	главный герой (м)	[glávnij gerój]
volume (m)	том (м)	[tóm]
copertina (f)	обложка (ж)	[ɔblóʃka]
rilegatura (f)	переплёт (м)	[pereplǿt]
segnalibro (m)	закладка (ж)	[zaklátka]
pagina (f)	страница (ж)	[stranítsa]
sfogliare (~ le pagine)	листать (нсв, пх)	[listátʲ]
margini (m pl)	поля (ж)	[polʲá]
annotazione (f)	пометка (ж)	[pɔmétka]
nota (f) (a fondo pagina)	примечание (с)	[primetʃánie]
testo (m)	текст (м)	[tékst]
carattere (m)	шрифт (м)	[ʃríft]
refuso (m)	опечатка (ж)	[ɔpetʃátka]
traduzione (f)	перевод (м)	[perevód]
tradurre (vt)	переводить (нсв, пх)	[perevɔdítʲ]
originale (m) (leggere l'~)	подлинник (м)	[pódlinik]
famoso (agg)	знаменитый	[znamenítij]
sconosciuto (agg)	неизвестный	[neizvésnij]
interessante (agg)	интересный	[interésnij]

best seller (m)	бестселлер (м)	[bessǽler]
dizionario (m)	словарь (м)	[slovárʲ]
manuale (m)	учебник (м)	[utʃébnik]
enciclopedia (f)	энциклопедия (ж)	[ɛntsiklopédija]

133. Caccia. Pesca

caccia (f)	охота (ж)	[ɔhóta]
cacciare (vt)	охотиться (нсв, возв)	[ɔhótitsa]
cacciatore (m)	охотник (м)	[ɔhótnik]
sparare (vi)	стрелять (нсв, нпх)	[strelʲátʲ]
fucile (m)	ружьё (с)	[ruʒjǿ]
cartuccia (f)	патрон (м)	[patrón]
pallini (m pl) da caccia	дробь (ж)	[drópʲ]
tagliola (f) (~ per orsi)	капкан (м)	[kapkán]
trappola (f) (~ per uccelli)	ловушка (ж)	[lovúʃka]
cadere in trappola	попасться в капкан	[popástsa f kapkán]
tendere una trappola	ставить капкан	[stávitʲ kapkán]
bracconiere (m)	браконьер (м)	[brakɔnjér]
cacciagione (m)	дичь (ж)	[dítʃʲ]
cane (m) da caccia	охотничья собака (ж)	[ɔhótnitʃja sɔbáka]
safari (m)	сафари (с)	[safári]
animale (m) impagliato	чучело (с)	[tʃútʃelɔ]
pescatore (m)	рыбак (м)	[ribák]
pesca (f)	рыбалка (ж)	[ribálka]
pescare (vi)	ловить рыбу	[lovítʲ rȳbu]
canna (f) da pesca	удочка (ж)	[údɔtʃka]
lenza (f)	леска (ж)	[léska]
amo (m)	крючок (м)	[krʲutʃók]
galleggiante (m)	поплавок (м)	[pɔplavók]
esca (f)	наживка (ж)	[naʒĩfka]
lanciare la canna	забросить удочку	[zabrósitʲ údɔtʃku]
abboccare (pesce)	клевать (нсв, нпх)	[klevátʲ]
pescato (m)	улов (м)	[ulóf]
buco (m) nel ghiaccio	прорубь (ж)	[prórupʲ]
rete (f)	сеть (ж)	[sétʲ]
barca (f)	лодка (ж)	[lótka]
prendere con la rete	ловить сетью	[lovítʲ sétju]
gettare la rete	забрасывать сеть	[zabrásivatʲ sétʲ]
tirare le reti	вытаскивать сеть	[vitáskivatʲ sétʲ]
baleniere (m)	китобой (м)	[kitɔbój]
baleniera (f) (nave)	китобойное судно (с)	[kitɔbójnɔe súdnɔ]
rampone (m)	гарпун (м)	[garpún]

134. Ciochi. Biliardo

biliardo (m)	бильярд (м)	[biljárd]
sala (f) da biliardo	бильярдная (ж)	[biljárdnaja]
bilia (f)	бильярдный шар (м)	[biljárdnɨj ʃár]
imbucare (vt)	загнать шар	[zagnátʲ ʃár]
stecca (f) da biliardo	кий (м)	[kíj]
buca (f)	луза (ж)	[lúza]

135. Giochi. Carte da gioco

quadri (m pl)	бубны (мн)	[búbnɨ]
picche (f pl)	пики (мн)	[píki]
cuori (m pl)	черви (мн)	[ʧérvi]
fiori (m pl)	трефы (мн)	[tréfɨ]
asso (m)	туз (м)	[tús]
re (m)	король (м)	[korólʲ]
donna (f)	дама (ж)	[dáma]
fante (m)	валет (м)	[valét]
carta (f) da gioco	игральная карта (ж)	[igrálʲnaja kárta]
carte (f pl)	карты (ж мн)	[kártɨ]
briscola (f)	козырь (м)	[kózirʲ]
mazzo (m) di carte	колода (ж)	[kolóda]
punto (m)	очко (с)	[oʧkó]
dare le carte	сдавать (нсв, н/пх)	[zdavátʲ]
mescolare (~ le carte)	тасовать (нсв, пх)	[tasovátʲ]
turno (m)	ход (м)	[hód]
baro (m)	шулер (м)	[ʃúler]

136. Riposo. Giochi. Varie

passeggiare (vi)	гулять (нсв, нпх)	[gulʲátʲ]
passeggiata (f)	прогулка (ж)	[progúlka]
gita (f)	поездка (ж)	[poéstka]
avventura (f)	приключение (с)	[priklʲuʧénie]
picnic (m)	пикник (м)	[pikník]
gioco (m)	игра (ж)	[igrá]
giocatore (m)	игрок (м)	[igrók]
partita (f) (~ a scacchi)	партия (ж)	[pártija]
collezionista (m)	коллекционер (м)	[kolektsionér]
collezionare (vt)	коллекционировать (нсв, пх)	[kolektsionírovatʲ]
collezione (f)	коллекция (ж)	[koléktsija]
cruciverba (m)	кроссворд (м)	[krosvórd]
ippodromo (m)	ипподром (м)	[ipodróm]

discoteca (f)	дискотека (ж)	[diskotéka]
sauna (f)	сауна (ж)	[sáuna]
lotteria (f)	лотерея (ж)	[loteréja]

campeggio (m)	поход (м)	[pohód]
campo (m)	лагерь (м)	[láger']
tenda (f) da campeggio	палатка (ж)	[palátka]
bussola (f)	компас (м)	[kómpas]
campeggiatore (m)	турист (м)	[turíst]

guardare (~ un film)	смотреть (нсв, нпх)	[smotrét']
telespettatore (m)	телезритель (м)	[telezrítel']
trasmissione (f)	телепередача (ж)	[tele·peredátʃa]

137. Fotografia

| macchina (f) fotografica | фотоаппарат (м) | [foto·aparát] |
| fotografia (f) | фото, фотография (ж) | [fóto], [fotográfija] |

fotografo (m)	фотограф (м)	[fotógraf]
studio (m) fotografico	фотостудия (ж)	[foto·stúdija]
album (m) di fotografie	фотоальбом (м)	[foto·al'bóm]

obiettivo (m)	объектив (м)	[objektíf]
teleobiettivo (m)	телеобъектив (м)	[tele·objektíf]
filtro (m)	фильтр (м)	[fíl'tr]
lente (f)	линза (ж)	[línza]

ottica (f)	оптика (ж)	[óptika]
diaframma (m)	диафрагма (ж)	[diafrágma]
tempo (m) di esposizione	выдержка (ж)	[vīderʃka]
mirino (m)	видоискатель (м)	[vido·iskátel']
fotocamera (f) digitale	цифровая камера (ж)	[tsifrovája kámera]
cavalletto (m)	штатив (м)	[ʃtatíf]
flash (m)	вспышка (ж)	[fspīʃka]

fotografare (vt)	фотографировать (нсв, пх)	[fotografírovat']
fare foto	снимать (нсв, пх)	[snimát']
fotografarsi	фотографироваться (нсв, возв)	[fotografírovatsa]

fuoco (m)	фокус (м)	[fókus]
mettere a fuoco	наводить на резкость	[navodít' na réskost']
nitido (agg)	резкий	[réskij]
nitidezza (f)	резкость (ж)	[réskost']

| contrasto (m) | контраст (м) | [kontrást] |
| contrastato (agg) | контрастный | [kontrásnij] |

foto (f)	снимок (м)	[snímok]
negativa (f)	негатив (м)	[negatíf]
pellicola (f) fotografica	фотоплёнка (ж)	[foto·plёnka]
fotogramma (m)	кадр (м)	[kádr]
stampare (~ le foto)	печатать (нсв, пх)	[petʃátat']

138. Spiaggia. Nuoto

spiaggia (f)	пляж (м)	[pl'áʃ]
sabbia (f)	песок (м)	[pesók]
deserto (agg)	пустынный	[pustínnij]
abbronzatura (f)	загар (м)	[zagár]
abbronzarsi (vr)	загорать (нсв, нпх)	[zagorát']
abbronzato (agg)	загорелый	[zagorélij]
crema (f) solare	крем (м) для загара	[krém dl'a zagára]
bikini (m)	бикини (с)	[bikíni]
costume (m) da bagno	купальник (м)	[kupál'nik]
slip (m) da bagno	плавки (мн)	[pláfki]
piscina (f)	бассейн (м)	[basǽjn]
nuotare (vi)	плавать (нсв, нпх)	[plávat']
doccia (f)	душ (м)	[dúʃ]
cambiarsi (~ i vestiti)	переодеваться (нсв, возв)	[pereodevátsa]
asciugamano (m)	полотенце (с)	[poloténtse]
barca (f)	лодка (ж)	[lótka]
motoscafo (m)	катер (м)	[káter]
sci (m) nautico	водные лыжи (мн)	[vódnie líʒi]
pedalò (m)	водный велосипед (м)	[vódnij velosipéd]
surf (m)	серфинг (м)	[sǿrfing]
surfista (m)	серфингист (м)	[serfingíst]
autorespiratore (m)	акваланг (м)	[akvaláng]
pinne (f pl)	ласты (ж мн)	[lásti]
maschera (f)	маска (ж)	[máska]
subacqueo (m)	ныряльщик (м)	[nir'ál'ʃik]
tuffarsi (vr)	нырять (нсв, нпх)	[nir'át']
sott'acqua	под водой	[pod vodój]
ombrellone (m)	зонт (м)	[zónt]
sdraio (f)	шезлонг (м)	[ʃezlóng]
occhiali (m pl) da sole	очки (мн)	[otʃkí]
materasso (m) ad aria	плавательный матрац (м)	[plávatel'nij matrás]
giocare (vi)	играть (нсв, нпх)	[igrát']
fare il bagno	купаться (нсв, возв)	[kupátsa]
pallone (m)	мяч (м)	[m'átʃ]
gonfiare (vt)	надувать (нсв, пх)	[naduvát']
gonfiabile (agg)	надувной	[naduvnój]
onda (f)	волна (ж)	[volná]
boa (f)	буй (м)	[búj]
annegare (vi)	тонуть (нсв, нпх)	[tonút']
salvare (vt)	спасать (нсв, пх)	[spasát']
giubbotto (m) di salvataggio	спасательный жилет (м)	[spasátel'nij ʒilét]
osservare (vt)	наблюдать (нсв, нпх)	[nabl'udát']
bagnino (m)	спасатель (м)	[spasátel']

ATTREZZATURA TECNICA. MEZZI DI TRASPORTO

Attrezzatura tecnica

139. Computer

computer (m)	компьютер (м)	[kɔmpjútɛr]
computer (m) portatile	ноутбук (м)	[nɔutbúk]
accendere (vt)	включить (св, пх)	[fklʲutʃítʲ]
spegnere (vt)	выключить (св, пх)	[vɨklʲutʃitʲ]
tastiera (f)	клавиатура (ж)	[klaviatúra]
tasto (m)	клавиша (ж)	[kláviʃa]
mouse (m)	мышь (ж)	[mɨʃ]
tappetino (m) del mouse	коврик (м)	[kóvrik]
tasto (m)	кнопка (ж)	[knópka]
cursore (m)	курсор (м)	[kursór]
monitor (m)	монитор (м)	[mɔnitór]
schermo (m)	экран (м)	[ɛkrán]
disco (m) rigido	жёсткий диск (м)	[ʒóstkij dísk]
spazio (m) sul disco rigido	объём (м) жёсткого диска	[ɔbjóm ʒóstkɔvɔ díska]
memoria (f)	память (ж)	[pámɪtʲ]
memoria (f) operativa	оперативная память (ж)	[ɔperatívnaja pámɪtʲ]
file (m)	файл (м)	[fájl]
cartella (f)	папка (ж)	[pápka]
aprire (vt)	открыть (св, пх)	[ɔtkrɨ́tʲ]
chiudere (vt)	закрыть (св, пх)	[zakrɨ́tʲ]
salvare (vt)	сохранить (св, пх)	[sɔhranítʲ]
eliminare (vt)	удалить (св, пх)	[udalítʲ]
copiare (vt)	скопировать (св, пх)	[skɔpírɔvatʲ]
ordinare (vt)	сортировать (нсв, пх)	[sɔrtirɔvátʲ]
trasferire (vt)	переписать (св, пх)	[perepisátʲ]
programma (m)	программа (ж)	[prɔgráma]
software (m)	программное обеспечение (с)	[prɔgrámnɔe ɔbespetʃénie]
programmatore (m)	программист (м)	[prɔgramíst]
programmare (vt)	программировать (нсв, пх)	[prɔgramírɔvatʲ]
hacker (m)	хакер (м)	[háker]
password (f)	пароль (м)	[parólʲ]
virus (m)	вирус (м)	[vírus]
trovare (un virus, ecc.)	обнаружить (св, пх)	[ɔbnarúʒitʲ]

| byte (m) | байт (м) | [bájt] |
| megabyte (m) | мегабайт (м) | [megabájt] |

| dati (m pl) | данные (мн) | [dánnie] |
| database (m) | база (ж) данных | [báza dánnih] |

cavo (m)	кабель (м)	[kábel^j]
sconnettere (vt)	отсоединить (св, пх)	[ɔtsɔedinít^j]
collegare (vt)	подсоединить (св, пх)	[pɔtsɔedinít^j]

140. Internet. Posta elettronica

internet (f)	интернет (м)	[intɛrnǽt]
navigatore (m)	браузер (м)	[bráuzer]
motore (m) di ricerca	поисковый ресурс (м)	[pɔiskóvij resúrs]
provider (m)	провайдер (м)	[prɔvájder]

webmaster (m)	веб-мастер (м)	[vɛb-máster]
sito web (m)	веб-сайт (м)	[vɛb-sájt]
pagina web (f)	веб-страница (ж)	[vɛb-stranítsa]

| indirizzo (m) | адрес (м) | [ádres] |
| rubrica (f) indirizzi | адресная книга (ж) | [ádresnaja kníga] |

casella (f) di posta	почтовый ящик (м)	[pɔtʃtóvij jáʃik]
posta (f)	почта (ж)	[pótʃta]
troppo piena (agg)	переполненный	[perepólnenij]

messaggio (m)	сообщение (с)	[sɔɔpʃénie]
messaggi (m pl) in arrivo	входящие сообщения (с мн)	[fhɔd^jáʃie sɔɔpʃénija]
messaggi (m pl) in uscita	исходящие сообщения (с мн)	[isxɔd^jáʃie sɔɔpʃénija]

mittente (m)	отправитель (м)	[ɔtpravítel^j]
inviare (vt)	отправить (св, пх)	[ɔtprávit^j]
invio (m)	отправка (ж)	[ɔtpráfka]

| destinatario (m) | получатель (м) | [pɔlutʃátel^j] |
| ricevere (vt) | получить (св, пх) | [pɔlutʃít^j] |

| corrispondenza (f) | переписка (ж) | [perepíska] |
| essere in corrispondenza | переписываться (нсв, возв) | [perepísivatsa] |

file (m)	файл (м)	[fájl]
scaricare (vt)	скачать (св, пх)	[skatʃát^j]
creare (vt)	создать (св, пх)	[sɔzdát^j]
eliminare (vt)	удалить (св, пх)	[udalít^j]
eliminato (agg)	удалённый	[udalǿnnij]

connessione (f)	связь (ж)	[sv^jás^j]
velocità (f)	скорость (ж)	[skórɔst^j]
modem (m)	модем (м)	[mɔdǽm]
accesso (m)	доступ (м)	[dóstup]
porta (f)	порт (м)	[pórt]

collegamento (m)	подключение (c)	[pɔtklʲutʃénie]
collegarsi a …	подключиться (св, возв)	[pɔtklʲutʃítsa]
scegliere (vt)	выбрать (св, пх)	[vɨ́bratʲ]
cercare (vt)	искать … (нсв, пх)	[iskátʲ …]

Mezzi di trasporto

141. Aeroplano

aereo (m)	самолёт (м)	[samɔlǿt]
biglietto (m) aereo	авиабилет (м)	[aviabilét]
compagnia (f) aerea	авиакомпания (ж)	[avia·kɔmpánija]
aeroporto (m)	аэропорт (м)	[aɛrɔpórt]
supersonico (agg)	сверхзвуковой	[sverh·zvukɔvój]
comandante (m)	командир (м) корабля	[kɔmandír kɔrablʲá]
equipaggio (m)	экипаж (м)	[ɛkipáʃ]
pilota (m)	пилот (м)	[pilót]
hostess (f)	стюардесса (ж)	[stʲuardǽsa]
navigatore (m)	штурман (м)	[ʃtúrman]
ali (f pl)	крылья (с мн)	[krīlja]
coda (f)	хвост (м)	[hvóst]
cabina (f)	кабина (ж)	[kabína]
motore (m)	двигатель (м)	[dvígatelʲ]
carrello (m) d'atterraggio	шасси (с)	[ʃassí]
turbina (f)	турбина (ж)	[turbína]
elica (f)	пропеллер (м)	[prɔpéller]
scatola (f) nera	чёрный ящик (м)	[ʧǿrnij jáʃik]
barra (f) di comando	штурвал (м)	[ʃturvál]
combustibile (m)	горючее (с)	[gɔrʲúʧee]
safety card (f)	инструкция по безопасности	[instrúkʦija pɔ bezɔpásnɔsti]
maschera (f) ad ossigeno	кислородная маска (ж)	[kislɔródnaja máska]
uniforme (f)	униформа (ж)	[unifórma]
giubbotto (m) di salvataggio	спасательный жилет (м)	[spasátelʲnij ʒi̵lét]
paracadute (m)	парашют (м)	[paraʃút]
decollo (m)	взлёт (м)	[vzlǿt]
decollare (vi)	взлетать (нсв, нпх)	[vzletátʲ]
pista (f) di decollo	взлётная полоса (ж)	[vzlǿtnaja pɔlasá]
visibilità (f)	видимость (ж)	[vídimɔstʲ]
volo (m)	полёт (м)	[pɔlǿt]
altitudine (f)	высота (ж)	[vi̵sɔtá]
vuoto (m) d'aria	воздушная яма (ж)	[vɔzdúʃnaja jáma]
posto (m)	место (с)	[méstɔ]
cuffia (f)	наушники (м мн)	[naúʃniki]
tavolinetto (m) pieghevole	откидной столик (м)	[ɔtkidnój stólik]
oblò (m), finestrino (m)	иллюминатор (м)	[ilʲuminátɔr]
corridoio (m)	проход (м)	[prɔhód]

142. Treno

treno (m)	поезд (м)	[póezd]
elettrotreno (m)	электричка (ж)	[ɛlektrítʃka]
treno (m) rapido	скорый поезд (м)	[skórij póezd]
locomotiva (f) diesel	тепловоз (м)	[teplɔvós]
locomotiva (f) a vapore	паровоз (м)	[parɔvós]
carrozza (f)	вагон (м)	[vagón]
vagone (m) ristorante	вагон-ресторан (м)	[vagón-restɔrán]
rotaie (f pl)	рельсы (мн)	[rélʲsɨ]
ferrovia (f)	железная дорога (ж)	[ʒeléznaja dɔróga]
traversa (f)	шпала (ж)	[ʃpála]
banchina (f) (~ ferroviaria)	платформа (ж)	[platfórma]
binario (m) (~ 1, 2)	путь (м)	[pútʲ]
semaforo (m)	семафор (м)	[semafór]
stazione (f)	станция (ж)	[stántsija]
macchinista (m)	машинист (м)	[maʃiníst]
portabagagli (m)	носильщик (м)	[nɔsílʲʃik]
cuccettista (m, f)	проводник (м)	[prɔvɔdník]
passeggero (m)	пассажир (м)	[pasaʒɨr]
controllore (m)	контролёр (м)	[kɔntrɔlǿr]
corridoio (m)	коридор (м)	[kɔridór]
freno (m) di emergenza	стоп-кран (м)	[stɔp-krán]
scompartimento (m)	купе (с)	[kupǽ]
cuccetta (f)	полка (ж)	[pólka]
cuccetta (f) superiore	верхняя полка (ж)	[vérhnʲaja pólka]
cuccetta (f) inferiore	нижняя полка (ж)	[níʒnʲaja pólka]
biancheria (f) da letto	постельное бельё (с)	[pɔstélʲnɔe beljǿ]
biglietto (m)	билет (м)	[bilét]
orario (m)	расписание (с)	[raspisánie]
tabellone (m) orari	табло (с)	[tabló]
partire (vi)	отходить (нсв, нпх)	[ɔtxɔdítʲ]
partenza (f)	отправление (с)	[ɔtpravlénie]
arrivare (di un treno)	прибывать (нсв, нпх)	[pribivátʲ]
arrivo (m)	прибытие (с)	[pribɨ̄tie]
arrivare con il treno	приехать поездом	[priéhatʲ póezdɔm]
salire sul treno	сесть на поезд	[séstʲ na póezd]
scendere dal treno	сойти с поезда	[sɔjtí s póezda]
deragliamento (m)	крушение (с)	[kruʃǽnie]
deragliare (vi)	сойти с рельс	[sɔjtí s rélʲs]
locomotiva (f) a vapore	паровоз (м)	[parɔvós]
fuochista (m)	кочегар (м)	[kɔtʃegár]
forno (m)	топка (ж)	[tópka]
carbone (m)	уголь (м)	[úgɔlʲ]

143. Nave

| nave (f) | корабль (м) | [koráblʲ] |
| imbarcazione (f) | судно (c) | [súdnɔ] |

piroscafo (m)	пароход (м)	[parɔhód]
barca (f) fluviale	теплоход (м)	[teplɔhód]
transatlantico (m)	лайнер (м)	[lájner]
incrociatore (m)	крейсер (м)	[kréjser]

yacht (m)	яхта (ж)	[jáhta]
rimorchiatore (m)	буксир (м)	[buksír]
chiatta (f)	баржа (ж)	[barʒá]
traghetto (m)	паром (м)	[paróm]

| veliero (m) | парусник (м) | [párusnik] |
| brigantino (m) | бригантина (ж) | [brigantína] |

| rompighiaccio (m) | ледокол (м) | [ledɔkól] |
| sottomarino (m) | подводная лодка (ж) | [pɔdvódnaja lótka] |

barca (f)	лодка (ж)	[lótka]
scialuppa (f)	шлюпка (ж)	[ʃlʲúpka]
scialuppa (f) di salvataggio	спасательная шлюпка (ж)	[spasátelʲnaja ʃlʲúpka]
motoscafo (m)	катер (м)	[káter]

capitano (m)	капитан (м)	[kapitán]
marittimo (m)	матрос (м)	[matrós]
marinaio (m)	моряк (м)	[mɔrʲák]
equipaggio (m)	экипаж (м)	[ɛkipáʃ]

nostromo (m)	боцман (м)	[bóʦman]
mozzo (m) di nave	юнга (м)	[júnga]
cuoco (m)	кок (м)	[kók]
medico (m) di bordo	судовой врач (м)	[sudɔvój vráʧ]

ponte (m)	палуба (ж)	[páluba]
albero (m)	мачта (ж)	[máʧta]
vela (f)	парус (м)	[párus]

stiva (f)	трюм (м)	[trʲúm]
prua (f)	нос (м)	[nós]
poppa (f)	корма (ж)	[kɔrmá]
remo (m)	весло (c)	[vesló]
elica (f)	винт (м)	[vínt]

cabina (f)	каюта (ж)	[kajúta]
quadrato (m) degli ufficiali	кают-компания (ж)	[kajút-kɔmpánija]
sala (f) macchine	машинное отделение (c)	[maʃĩnnɔe ɔtdelénie]
ponte (m) di comando	капитанский мостик (м)	[kapitánskij móstik]
cabina (f) radiotelegrafica	радиорубка (ж)	[radio·rúpka]
onda (f)	волна (ж)	[vɔlná]
giornale (m) di bordo	судовой журнал (м)	[sudɔvój ʒurnál]
cannocchiale (m)	подзорная труба (ж)	[pɔdzórnaja trubá]
campana (f)	колокол (м)	[kólɔkɔl]

bandiera (f)	флаг (м)	[flág]
cavo (m) (~ d'ormeggio)	канат (м)	[kanát]
nodo (m)	узел (м)	[úzel]

ringhiera (f)	поручень (м)	[pórutʃenʲ]
passerella (f)	трап (м)	[tráp]

ancora (f)	якорь (м)	[jákorʲ]
levare l'ancora	поднять якорь	[podnʲátʲ jákorʲ]
gettare l'ancora	бросить якорь	[brósitʲ jákorʲ]
catena (f) dell'ancora	якорная цепь (ж)	[jákornaja tsæpʲ]

porto (m)	порт (м)	[pórt]
banchina (f)	причал (м)	[pritʃál]
ormeggiarsi (vr)	причаливать (нсв, нпх)	[pritʃálivatʲ]
salpare (vi)	отчаливать (нсв, нпх)	[ottʃálivatʲ]

viaggio (m)	путешествие (с)	[puteʃǽstvie]
crociera (f)	круиз (м)	[kruís]
rotta (f)	курс (м)	[kúrs]
itinerario (m)	маршрут (м)	[marʃrút]

tratto (m) navigabile	фарватер (м)	[farvátɛr]
secca (f)	мель (ж)	[mélʲ]
arenarsi (vr)	сесть на мель	[séstʲ na mélʲ]

tempesta (f)	буря (ж)	[búrʲa]
segnale (m)	сигнал (м)	[signál]
affondare (andare a fondo)	тонуть (нсв, нпх)	[tonútʲ]
Uomo in mare!	Человек за бортом!	[tʃelovék za bórtom]
SOS	SOS (м)	[sós]
salvagente (m) anulare	спасательный круг (м)	[spasátelʲnij krúg]

144. Aeroporto

aeroporto (m)	аэропорт (м)	[aɛropórt]
aereo (m)	самолёт (м)	[samolót]
compagnia (f) aerea	авиакомпания (ж)	[avia·kompánija]
controllore (m) di volo	авиадиспетчер (м)	[avia·dispétʃer]

partenza (f)	вылет (м)	[vīlet]
arrivo (m)	прилёт (м)	[prilót]
arrivare (vi)	прилететь (св, нпх)	[priletétʲ]

ora (f) di partenza	время (с) вылета	[vrémʲa vīleta]
ora (f) di arrivo	время (с) прилёта	[vrémʲa prilóta]

essere ritardato	задерживаться (нсв, возв)	[zadérʒivatsa]
volo (m) ritardato	задержка (ж) вылета	[zadérʃka vīleta]

tabellone (m) orari	информационное табло (с)	[informatsiónnoe tabló]
informazione (f)	информация (ж)	[informátsija]
annunciare (vt)	объявлять (нсв, пх)	[objɪvlʲátʲ]
volo (m)	рейс (м)	[réjs]

dogana (f)	таможня (ж)	[tamóʒnʲa]
doganiere (m)	таможенник (м)	[tamóʒenik]

dichiarazione (f)	декларация (ж)	[deklarátsija]
riempire	заполнить (св, пх)	[zapólnitʲ]
(~ una dichiarazione)		
riempire una dichiarazione	заполнить декларацию	[zapólnitʲ deklarátsiju]
controllo (m) passaporti	паспортный контроль (м)	[pásportnij kontrólʲ]

bagaglio (m)	багаж (м)	[bagáʃ]
bagaglio (m) a mano	ручная кладь (ж)	[rutʃnája klátʲ]
carrello (m)	тележка (ж) для багажа	[teléʃka dlʲa bagaʒá]

atterraggio (m)	посадка (ж)	[posátka]
pista (f) di atterraggio	посадочная полоса (ж)	[posádotʃnaja polosá]
atterrare (vi)	садиться (нсв, возв)	[sadítsa]
scaletta (f) dell'aereo	трап (м)	[tráp]

check-in (m)	регистрация (ж)	[registrátsija]
banco (m) del check-in	стойка (ж) регистрации	[stójka registrátsii]
fare il check-in	зарегистрироваться	[zaregistrírovatsa]
	(св, возв)	
carta (f) d'imbarco	посадочный талон (м)	[posádotʃnij talón]
porta (f) d'imbarco	выход (м)	[vīhod]

transito (m)	транзит (м)	[tranzít]
aspettare (vt)	ждать (нсв, пх)	[ʒdátʲ]
sala (f) d'attesa	зал (м) ожидания	[zál oʒidánija]
accompagnare (vt)	провожать (нсв, пх)	[provoʒátʲ]
congedarsi (vr)	прощаться (нсв, возв)	[proʃʲátsa]

145. Bicicletta. Motocicletta

bicicletta (f)	велосипед (м)	[velosipéd]
motorino (m)	мотороллер (м)	[motoróler]
motocicletta (f)	мотоцикл (м)	[mototsīkl]

andare in bicicletta	ехать на велосипеде	[éhatʲ na velosipéde]
manubrio (m)	руль (м)	[rúlʲ]
pedale (m)	педаль (ж)	[pedálʲ]
freni (m pl)	тормоза (м мн)	[tormozá]
sellino (m)	седло (с)	[sedló]

pompa (f)	насос (м)	[nasós]
portabagagli (m)	багажник (м)	[bagáʒnik]
fanale (m) anteriore	фонарь (м)	[fonárʲ]
casco (m)	шлем (м)	[ʃlém]

ruota (f)	колесо (с)	[kolesó]
parafango (m)	крыло (с)	[kriló]
cerchione (m)	обод (м)	[óbod]
raggio (m)	спица (ж)	[spítsa]

Automobili

146. Tipi di automobile

| automobile (f) | автомобиль (м) | [aftɔmɔbíl'] |
| auto (f) sportiva | спортивный автомобиль (м) | [spɔrtívnij aftɔmɔbíl'] |

limousine (f)	лимузин (м)	[limuzín]
fuoristrada (m)	внедорожник (м)	[vnedɔróʒnik]
cabriolet (m)	кабриолет (м)	[kabriɔlét]
pulmino (m)	микроавтобус (м)	[mikrɔ·aftóbus]

| ambulanza (f) | скорая помощь (ж) | [skóraja pómɔʃ] |
| spazzaneve (m) | снегоуборочная машина (ж) | [snegɔ·ubórɔtʃnaja maʃína] |

camion (m)	грузовик (м)	[gruzɔvík]
autocisterna (f)	бензовоз (м)	[benzɔvós]
furgone (m)	фургон (м)	[furgón]
motrice (f)	тягач (м)	[tıgátʃ]
rimorchio (m)	прицеп (м)	[pritsǽp]

| confortevole (agg) | комфортабельный | [kɔmfɔrtábel'nij] |
| di seconda mano | подержанный | [pɔdérʒenij] |

147. Automobili. Carrozzeria

cofano (m)	капот (м)	[kapót]
parafango (m)	крыло (с)	[kriló]
tetto (m)	крыша (ж)	[krīʃa]

parabrezza (m)	ветровое стекло (с)	[vetrɔvóe stekló]
retrovisore (m)	зеркало (с) заднего вида	[zérkalɔ zádnevɔ vída]
lavacristallo (m)	омыватель (м)	[ɔmivátel']
tergicristallo (m)	дворники (мн)	[dvórniki]

finestrino (m) laterale	боковое стекло (с)	[bɔkɔvóe stekló]
alzacristalli (m)	стеклоподъёмник (м)	[steklɔ·pɔdjómnik]
antenna (f)	антенна (ж)	[antǽna]
tettuccio (m) apribile	люк (м)	[l'úk]

paraurti (m)	бампер (м)	[bámper]
bagagliaio (m)	багажник (м)	[bagáʒnik]
portapacchi (m)	багажник (м)	[bagáʒnik]
portiera (f)	дверца (ж)	[dvértsa]
maniglia (f)	ручка (ж)	[rútʃka]
serratura (f)	замок (м)	[zámɔk]

targa (f)	номер (м)	[nómer]
marmitta (f)	глушитель (м)	[gluʃiteľ]
serbatoio (m) della benzina	бензобак (м)	[benzobák]
tubo (m) di scarico	выхлопная труба (ж)	[vihlɔpnája trubá]
acceleratore (m)	газ (м)	[gás]
pedale (m)	педаль (ж)	[pedáľ]
pedale (m) dell'acceleratore	педаль (ж) газа	[pedáľ gáza]
freno (m)	тормоз (м)	[tórmɔs]
pedale (m) del freno	педаль (ж) тормоза	[pedáľ tórmɔza]
frenare (vi)	тормозить (нсв, нпх)	[tɔrmɔzíť]
freno (m) a mano	стояночный тормоз (м)	[stɔjánɔtʃnij tórmɔs]
frizione (f)	сцепление (c)	[stsεplénie]
pedale (m) della frizione	педаль (ж) сцепления	[pedáľ stsεplénija]
disco (m) della frizione	диск (м) сцепления	[dísk stsεplénija]
ammortizzatore (m)	амортизатор (м)	[amɔrtizátɔr]
ruota (f)	колесо (c)	[kɔlesó]
ruota (f) di scorta	запасное колесо (c)	[zapasnóe kɔlesó]
copriruota (m)	колпак (м)	[kɔlpák]
ruote (f pl) motrici	ведущие колёса (c мн)	[vedúʃie kɔlǿsa]
a trazione anteriore	переднеприводный	[perédne·prívodnij]
a trazione posteriore	заднеприводный	[zádne·prívodnij]
a trazione integrale	полноприводный	[pólnɔ·prívodnij]
scatola (f) del cambio	коробка (ж) передач	[kɔrópka peredátʃ]
automatico (agg)	автоматическая	[aftɔmatítʃeskaja]
meccanico (agg)	механическая	[mehanítʃeskaja]
leva (f) del cambio	рычаг (м) коробки передач	[ritʃág kɔrópki peredátʃ]
faro (m)	фара (ж)	[fára]
luci (f pl), fari (m pl)	фары (ж мн)	[fári]
luci (f pl) anabbaglianti	ближний свет (м)	[blíʒnij svet]
luci (f pl) abbaglianti	дальний свет (м)	[dáľnij svet]
luci (f pl) di arresto	стоп-сигнал (м)	[stóp-signál]
luci (f pl) di posizione	габаритные огни (мн)	[gabarítnie ɔgní]
luci (f pl) di emergenza	аварийные огни (мн)	[avaríjnie ɔgní]
fari (m pl) antinebbia	противотуманные фары (ж мн)	[prótivɔ·tumánnie fári]
freccia (f)	поворотник (м)	[pɔvɔrótnik]
luci (f pl) di retromarcia	задний ход (м)	[zádnij hód]

148. Automobili. Vano passeggeri

abitacolo (m)	салон (м)	[salón]
di pelle	кожаный	[kóʒanij]
in velluto	велюровый	[veľúrɔvij]
rivestimento (m)	обивка (ж)	[ɔbífka]
strumento (m) di bordo	прибор (м)	[pribór]

cruscotto (m)	приборный щиток (м)	[pribórnij ʃitók]
tachimetro (m)	спидометр (м)	[spidómetr]
lancetta (f)	стрелка (ж)	[strélka]

contachilometri (m)	счётчик (м)	[ʃǿttʃik]
indicatore (m)	датчик (м)	[dáttʃik]
livello (m)	уровень (м)	[úrɔvenʲ]
spia (f) luminosa	лампочка (ж)	[lámpɔtʃka]

volante (m)	руль (м)	[rúlʲ]
clacson (m)	сигнал (м)	[signál]
pulsante (m)	кнопка (ж)	[knópka]
interruttore (m)	переключатель (м)	[pereklʲutʃátelʲ]

sedile (m)	сиденье (с)	[sidénje]
spalliera (f)	спинка (ж)	[spínka]
appoggiatesta (m)	подголовник (м)	[pɔdgɔlóvnik]
cintura (f) di sicurezza	ремень (м) безопасности	[reménʲ bezɔpásnɔsti]
allacciare la cintura	пристегнуть ремень	[pristegnútʲ reménʲ]
regolazione (f)	регулировка (ж)	[regulirófka]

airbag (m)	воздушная подушка (ж)	[vɔzdúʃnaja pɔdúʃka]
condizionatore (m)	кондиционер (м)	[kɔnditsiɔnér]

radio (f)	радио (с)	[rádiɔ]
lettore (m) CD	CD-проигрыватель (м)	[si·dí-prɔígrivatelʲ]
accendere (vt)	включить (св, пх)	[fklʲutʃítʲ]
antenna (f)	антенна (ж)	[antǽna]
vano (m) portaoggetti	бардачок (м)	[bardatʃók]
portacenere (m)	пепельница (ж)	[pépelʲnitsa]

149. Automobili. Motore

motore (m)	двигатель (м)	[dvígatelʲ]
motore (m)	мотор (м)	[mɔtór]
a diesel	дизельный	[dízelʲnij]
a benzina	бензиновый	[benzínɔvij]

cilindrata (f)	объём (м) двигателя	[ɔbjóm dvígatelʲa]
potenza (f)	мощность (ж)	[móʃʲnɔstʲ]
cavallo vapore (m)	лошадиная сила (ж)	[lɔʃidínaja síla]
pistone (m)	поршень (м)	[pórʃenʲ]
cilindro (m)	цилиндр (м)	[tsɨlíndr]
valvola (f)	клапан (м)	[klápan]

iniettore (m)	инжектор (м)	[inʒǽktɔr]
generatore (m)	генератор (м)	[generátɔr]
carburatore (m)	карбюратор (м)	[karbʲurátɔr]
olio (m) motore	моторное масло (с)	[mɔtórnɔe máslɔ]

radiatore (m)	радиатор (м)	[radiátɔr]
liquido (m) di raffreddamento	охлаждающая жидкость (ж)	[ɔhlaʒdájuʃʲaja ʒītkɔstʲ]
ventilatore (m)	вентилятор (м)	[ventilʲátɔr]

batteria (m)	аккумулятор (м)	[akumulʲátɔr]
motorino (m) d'avviamento	стартер (м)	[stárter]
accensione (f)	зажигание (c)	[zaʒigánie]
candela (f) d'accensione	свеча (ж) зажигания	[svetʃá zaʒigánija]

morsetto (m)	клемма (ж)	[klémma]
più (m)	плюс (м)	[plʲús]
meno (m)	минус (м)	[mínus]
fusibile (m)	предохранитель (м)	[predɔhranítelʲ]

filtro (m) dell'aria	воздушный фильтр (м)	[vɔzdúʃnij fílʲtr]
filtro (m) dell'olio	масляный фильтр (м)	[máslınij fílʲtr]
filtro (m) del carburante	топливный фильтр (м)	[tóplivnij fílʲtr]

150. Automobili. Incidente. Riparazione

| incidente (m) | авария (ж) | [avárija] |
| incidente (m) stradale | дорожное происшествие (c) | [dɔróʒnɔe prɔiʃǽstvie] |

sbattere contro ...	врезаться (нсв, возв)	[vrézatsa]
avere un incidente	разбиться (св, возв)	[razbítsa]
danno (m)	повреждение (c)	[pɔvreʒdénie]
illeso (agg)	целый	[ʦǽlij]

guasto (m), avaria (f)	поломка (ж)	[pɔlómka]
essere rotto	сломаться (св, возв)	[slɔmátsa]
cavo (m) di rimorchio	буксировочный трос (м)	[buksiróvɔtʃnij trós]

foratura (f)	прокол (м)	[prɔkól]
essere a terra	спустить (св, нпх)	[spustítʲ]
gonfiare (vt)	накачивать (нсв, пх)	[nakátʃivatʲ]
pressione (f)	давление (c)	[davlénie]
controllare (verificare)	проверить (св, пх)	[prɔvéritʲ]

riparazione (f)	ремонт (м)	[remónt]
officina (f) meccanica	автосервис (м)	[aftɔ·sǽrvis]
pezzo (m) di ricambio	запчасть (ж)	[zaptʃástʲ]
pezzo (m)	деталь (ж)	[detálʲ]

bullone (m)	болт (м)	[bólt]
bullone (m) a vite	винт (м)	[vínt]
dado (m)	гайка (ж)	[gájka]
rondella (f)	шайба (ж)	[ʃájba]
cuscinetto (m)	подшипник (м)	[pɔdʃípnik]

tubo (m)	трубка (ж)	[trúpka]
guarnizione (f)	прокладка (ж)	[prɔklátka]
filo (m), cavo (m)	провод (м)	[próvɔd]

cric (m)	домкрат (м)	[dɔmkrát]
chiave (f)	гаечный ключ (м)	[gáetʃnij klʲútʃ]
martello (m)	молоток (м)	[mɔlɔtók]
pompa (f)	насос (м)	[nasós]
giravite (m)	отвёртка (ж)	[ɔtvǿrtka]

estintore (m)	огнетушитель (м)	[ɔgnetuʃtelʲ]
triangolo (m) di emergenza	аварийный треугольник (м)	[avarίjnij treugόlʲnik]
spegnersi (vr)	глохнуть (нсв, нпх)	[glόhnutʲ]
spegnimento (m) motore	остановка (ж)	[ɔstanόfka]
essere rotto	быть сломанным	[bῑtʲ slόmannim]
surriscaldarsi (vr)	перегреться (св, возв)	[peregrέtsa]
intasarsi (vr)	засориться (св, возв)	[zasɔrίtsa]
ghiacciarsi (di tubi, ecc.)	замёрзнуть (св, нпх)	[zamɵ́rznutʲ]
spaccarsi (vr)	лопнуть (св, нпх)	[lόpnutʲ]
pressione (f)	давление (с)	[davlénie]
livello (m)	уровень (м)	[úrɔvenʲ]
lento (cinghia ~a)	слабый	[slábij]
ammaccatura (f)	вмятина (ж)	[vmʲátina]
battito (m) (nel motore)	стук (м)	[stúk]
fessura (f)	трещина (ж)	[tréʃina]
graffiatura (f)	царапина (ж)	[tsarápina]

151. Automobili. Strada

strada (f)	дорога (ж)	[dɔróga]
autostrada (f)	автомагистраль (ж)	[áftɔ·magistrálʲ]
superstrada (f)	шоссе (с)	[ʃɔssǽ]
direzione (f)	направление (с)	[napravlénie]
distanza (f)	расстояние (с)	[rastɔjánie]
ponte (m)	мост (м)	[móst]
parcheggio (m)	паркинг (м)	[párking]
piazza (f)	площадь (ж)	[plόʃatʲ]
svincolo (m)	развязка (ж)	[razvʲáska]
galleria (f), tunnel (m)	тоннель (м)	[tɔnǽlʲ]
distributore (m) di benzina	автозаправка (ж)	[aftɔ·zapráfka]
parcheggio (m)	автостоянка (ж)	[aftɔ·stɔjánka]
pompa (f) di benzina	колонка (ж)	[kɔlόnka]
officina (f) meccanica	гараж (м)	[garáʃ]
fare benzina	заправить (св, пх)	[zaprávitʲ]
carburante (m)	топливо (с)	[tόplivɔ]
tanica (f)	канистра (ж)	[kanίstra]
asfalto (m)	асфальт (м)	[asfálʲt]
segnaletica (f) stradale	разметка (ж)	[razmétka]
cordolo (m)	бордюр (м)	[bɔrdʲúr]
barriera (f) di sicurezza	ограждение (с)	[ɔgraʒdénie]
fosso (m)	кювет (м)	[kʲuvét]
ciglio (m) della strada	обочина (ж)	[ɔbόtʃina]
lampione (m)	столб (м)	[stόlb]
guidare (~ un veicolo)	вести (нсв, пх)	[vestί]
girare (~ a destra)	поворачивать (нсв, нпх)	[pɔvɔrátʃivatʲ]

fare un'inversione a U	разворачиваться (нсв, возв)	[razvɔrátʃivatsa]
retromarcia (m)	задний ход (м)	[zádnij hód]
suonare il clacson	сигналить (нсв, нпх)	[signálitʲ]
colpo (m) di clacson	звуковой сигнал (м)	[zvukɔvój signál]
incastrarsi (vr)	застрять (св, нпх)	[zastrʲátʲ]
impantanarsi (vr)	буксовать (нсв, нпх)	[buksɔvátʲ]
spegnere (~ il motore)	глушить (нсв, пх)	[gluʃítʲ]
velocità (f)	скорость (ж)	[skórɔstʲ]
superare i limiti di velocità	превысить скорость	[prevīsitʲ skórɔstʲ]
multare (vt)	штрафовать (нсв, пх)	[ʃtrafɔvátʲ]
semaforo (m)	светофор (м)	[svetɔfór]
patente (f) di guida	водительские права (мн)	[vɔdítelʲskie pravá]
passaggio (m) a livello	переезд (м)	[pereézd]
incrocio (m)	перекрёсток (м)	[perekrǿstɔk]
passaggio (m) pedonale	пешеходный переход (м)	[peʃɛhódnij perehód]
curva (f)	поворот (м)	[pɔvɔrót]
zona (f) pedonale	пешеходная зона (ж)	[peʃɛhódnaja zóna]

GENTE. SITUAZIONI QUOTIDIANE

Situazioni quotidiane

festa (f)	праздник (м)	[práznik]
festa (f) nazionale	национальный праздник (м)	[natsionálʲnij práznik]
festività (f) civile	праздничный день (м)	[práznitʃnij dénʲ]
festeggiare (vt)	праздновать (нсв, пх)	[práznovatʲ]
avvenimento (m)	событие (с)	[sobī́tie]
evento (m) (organizzare un ~)	мероприятие (с)	[meroprijátie]
banchetto (m)	банкет (м)	[bankét]
ricevimento (m)	приём (м)	[prijóm]
festino (m)	пир (м)	[pír]
anniversario (m)	годовщина (ж)	[godofʃína]
giubileo (m)	юбилей (м)	[jubiléj]
festeggiare (vt)	отметить (св, пх)	[otmétitʲ]
Capodanno (m)	Новый год (м)	[nóvij gód]
Buon Anno!	С Новым Годом!	[s nóvim gódom]
Natale (m)	Рождество (с)	[roʒdestvó]
Buon Natale!	Весёлого Рождества!	[vesőlovo roʒdestvá]
Albero (m) di Natale	Новогодняя ёлка (ж)	[novogódnʲaja jólka]
fuochi (m pl) artificiali	салют (м)	[salʲút]
nozze (f pl)	свадьба (ж)	[svátʲba]
sposo (m)	жених (м)	[ʒeníh]
sposa (f)	невеста (ж)	[nevésta]
invitare (vt)	приглашать (нсв, пх)	[priglaʃátʲ]
invito (m)	приглашение (с)	[priglaʃǽnie]
ospite (m)	гость (м)	[góstʲ]
andare a trovare	идти в гости	[itʲtí v gósti]
accogliere gli invitati	встречать гостей	[fstretʃátʲ gostéj]
regalo (m)	подарок (м)	[podárok]
offrire (~ un regalo)	дарить (нсв, пх)	[darítʲ]
ricevere i regali	получать подарки	[polutʃátʲ podárki]
mazzo (m) di fiori	букет (м)	[bukét]
auguri (m pl)	поздравление (с)	[pozdravlénie]
augurare (vt)	поздравлять (нсв, пх)	[pozdravlʲátʲ]
cartolina (f)	поздравительная открытка (ж)	[pozdravítelʲnaja otkrī́tka]

mandare una cartolina	отправить открытку	[ɔtprávitʲ ɔtkrĩtku]
ricevere una cartolina	получить открытку	[pɔlutʃítʲ ɔtkrĩtku]
brindisi (m)	тост (м)	[tóst]
offrire (~ qualcosa da bere)	угощать (нсв, пх)	[ugɔʃátʲ]
champagne (m)	шампанское (с)	[ʃampánskɔe]
divertirsi (vr)	веселиться (нсв, возв)	[veselíʦa]
allegria (f)	веселье (с)	[vesélje]
gioia (f)	радость (ж)	[rádɔstʲ]
danza (f), ballo (m)	танец (м)	[táneʦ]
ballare (vi, vt)	танцевать (нсв, н/пх)	[tanʦɛvátʲ]
valzer (m)	вальс (м)	[válʲs]
tango (m)	танго (с)	[tángɔ]

153. Funerali. Sepoltura

cimitero (m)	кладбище (с)	[kládbiʃe]
tomba (f)	могила (ж)	[mɔgíla]
croce (f)	крест (м)	[krést]
pietra (f) tombale	надгробие (с)	[nadgróbie]
recinto (m)	ограда (ж)	[ɔgráda]
cappella (f)	часовня (ж)	[ʧasóvnʲa]
morte (f)	смерть (ж)	[smértʲ]
morire (vi)	умереть (св, нпх)	[umerétʲ]
defunto (m)	покойник (м)	[pɔkójnik]
lutto (m)	траур (м)	[tráur]
seppellire (vt)	хоронить (нсв, пх)	[hɔrɔnítʲ]
sede (f) di pompe funebri	похоронное бюро (с)	[pɔhɔrónnɔe bʲuró]
funerale (m)	похороны (мн)	[póhɔrɔni]
corona (f) di fiori	венок (м)	[venók]
bara (f)	гроб (м)	[grób]
carro (m) funebre	катафалк (м)	[katafálk]
lenzuolo (m) funebre	саван (м)	[sávan]
corteo (m) funebre	траурная процессия (ж)	[tráurnaja prɔʦǽsija]
urna (f) funeraria	урна (ж)	[úrna]
crematorio (m)	крематорий (м)	[krematórij]
necrologio (m)	некролог (м)	[nekrɔlóg]
piangere (vi)	плакать (нсв, нпх)	[plákatʲ]
singhiozzare (vi)	рыдать (нсв, нпх)	[ridátʲ]

154. Guerra. Soldati

plotone (m)	взвод (м)	[vzvód]
compagnia (f)	рота (ж)	[róta]

reggimento (m)	полк (м)	[pólk]
esercito (m)	армия (ж)	[ármija]
divisione (f)	дивизия (ж)	[divízija]

| distaccamento (m) | отряд (м) | [ɔtrʲád] |
| armata (f) | войско (с) | [vójskɔ] |

| soldato (m) | солдат (м) | [sɔldát] |
| ufficiale (m) | офицер (м) | [ɔfitsǽr] |

soldato (m) semplice	рядовой (м)	[rɪdɔvój]
sergente (m)	сержант (м)	[serʒánt]
tenente (m)	лейтенант (м)	[lejtenánt]
capitano (m)	капитан (м)	[kapitán]
maggiore (m)	майор (м)	[majór]
colonnello (m)	полковник (м)	[pɔlkóvnik]
generale (m)	генерал (м)	[generál]

marinaio (m)	моряк (м)	[mɔrʲák]
capitano (m)	капитан (м)	[kapitán]
nostromo (m)	боцман (м)	[bótsman]

artigliere (m)	артиллерист (м)	[artileríst]
paracadutista (m)	десантник (м)	[desántnik]
pilota (m)	лётчик (м)	[lóttʃik]

| navigatore (m) | штурман (м) | [ʃtúrman] |
| meccanico (m) | механик (м) | [mehánik] |

| geniere (m) | сапёр (м) | [sapǿr] |
| paracadutista (m) | парашютист (м) | [paraʃutíst] |

| esploratore (m) | разведчик (м) | [razvéttʃik] |
| cecchino (m) | снайпер (м) | [snájper] |

pattuglia (f)	патруль (м)	[patrúlʲ]
pattugliare (vt)	патрулировать (нсв, н/пх)	[patrulírɔvatʲ]
sentinella (f)	часовой (м)	[tʃasɔvój]

| guerriero (m) | воин (м) | [vóin] |
| patriota (m) | патриот (м) | [patriót] |

| eroe (m) | герой (м) | [gerój] |
| eroina (f) | героиня (ж) | [gerɔínʲa] |

traditore (m)	предатель (м)	[predátelʲ]
disertore (m)	дезертир (м)	[dezertír]
disertare (vi)	дезертировать (нсв, нпх)	[dezertírɔvatʲ]

mercenario (m)	наёмник (м)	[najómnik]
recluta (f)	новобранец (м)	[nɔvɔbránets]
volontario (m)	доброволец (м)	[dɔbrɔvólets]

ucciso (m)	убитый (м)	[ubítij]
ferito (m)	раненый (м)	[ránenij]
prigioniero (m) di guerra	пленный (м)	[plénnij]

155. Guerra. Azioni militari. Parte 1

guerra (f)	война (ж)	[vɔjná]
essere in guerra	воевать (нсв, нпх)	[vɔevátʲ]
guerra (f) civile	гражданская война (ж)	[graʒdánskaja vɔjná]
perfidamente	вероломно	[verɔlómnɔ]
dichiarazione (f) di guerra	объявление войны	[ɔbjɪvlénie vɔjnī]
dichiarare (~ guerra)	объявить (св, пх)	[ɔbjɪvítʲ]
aggressione (f)	агрессия (ж)	[agrǽsija]
attaccare (vt)	нападать (нсв, нпх)	[napadátʲ]
invadere (vt)	захватывать (нсв, пх)	[zahvátivatʲ]
invasore (m)	захватчик (м)	[zahváttʃik]
conquistatore (m)	завоеватель (м)	[zavɔevátelʲ]
difesa (f)	оборона (ж)	[ɔbɔróna]
difendere (~ un paese)	оборонять (нсв, пх)	[ɔbɔrɔnʲátʲ]
difendersi (vr)	обороняться (нсв, возв)	[ɔbɔrɔnʲátsa]
nemico (m)	враг (м)	[vrág]
avversario (m)	противник (м)	[prɔtívnik]
ostile (agg)	вражеский	[váʒeskij]
strategia (f)	стратегия (ж)	[stratǽgija]
tattica (f)	тактика (ж)	[táktika]
ordine (m)	приказ (м)	[prikás]
comando (m)	команда (ж)	[kɔmánda]
ordinare (vt)	приказывать (нсв, пх)	[prikázivatʲ]
missione (f)	задание (с)	[zadánie]
segreto (agg)	секретный	[sekrétnij]
battaglia (f)	сражение (с)	[sraʒǽnie]
combattimento (m)	бой (м)	[bój]
attacco (m)	атака (ж)	[atáka]
assalto (m)	штурм (м)	[ʃtúrm]
assalire (vt)	штурмовать (нсв, пх)	[ʃturmɔvátʲ]
assedio (m)	осада (ж)	[ɔsáda]
offensiva (f)	наступление (с)	[nastuplénie]
passare all'offensiva	наступать (нсв, нпх)	[nastupátʲ]
ritirata (f)	отступление (с)	[ɔtstuplénie]
ritirarsi (vr)	отступать (нсв, нпх)	[ɔtstupátʲ]
accerchiamento (m)	окружение (с)	[ɔkruʒǽnie]
accerchiare (vt)	окружать (нсв, пх)	[ɔkruʒátʲ]
bombardamento (m)	бомбёжка (ж)	[bɔmbǿʒka]
lanciare una bomba	сбросить бомбу	[zbrósitʲ bómbu]
bombardare (vt)	бомбить (нсв, пх)	[bɔmbítʲ]
esplosione (f)	взрыв (м)	[vzrīf]
sparo (m)	выстрел (м)	[vīstrel]

sparare un colpo	выстрелить (св, нпх)	[vɨstrelitʲ]
sparatoria (f)	стрельба (ж)	[strelʲbá]

puntare su ...	целиться (нсв, возв)	[tsǽlitsa]
puntare (~ una pistola)	навести (св, пх)	[navestí]
colpire (~ il bersaglio)	попасть (св, нпх)	[pɔpástʲ]

affondare (mandare a fondo)	потопить (св, пх)	[pɔtɔpítʲ]
falla (f)	пробоина (ж)	[prɔbóina]
affondare (andare a fondo)	идти ко дну (нсв)	[itʲtí kɔ dnú]

fronte (m) (~ di guerra)	фронт (м)	[frónt]
evacuazione (f)	эвакуация (ж)	[ɛvakuátsija]
evacuare (vt)	эвакуировать (н/св, пх)	[ɛvakuírɔvatʲ]

trincea (f)	окоп (м)	[ɔkóp]
filo (m) spinato	колючая проволока (ж)	[kɔlʲútʃaja próvɔlka]
sbarramento (m)	заграждение (с)	[zagraʒdénie]
torretta (f) di osservazione	вышка (ж)	[vɨʃka]

ospedale (m) militare	госпиталь (м)	[góspitalʲ]
ferire (vt)	ранить (н/св, пх)	[ránitʲ]
ferita (f)	рана (ж)	[rána]
ferito (m)	раненый (м)	[ránenij]
rimanere ferito	получить ранение	[pɔlutʃítʲ ranénie]
grave (ferita ~)	тяжёлый	[tɪʒólij]

156. Armi

armi (f pl)	оружие (с)	[ɔrúʒie]
arma (f) da fuoco	огнестрельное оружие (с)	[ɔgnestrélʲnɔe ɔrúʒie]
arma (f) bianca	холодное оружие (с)	[hɔlódnɔe ɔrúʒie]

armi (f pl) chimiche	химическое оружие (с)	[himítʃeskɔe ɔrúʒie]
nucleare (agg)	ядерный	[jádernij]
armi (f pl) nucleari	ядерное оружие (с)	[jádernɔe ɔrúʒie]

bomba (f)	бомба (ж)	[bómba]
bomba (f) atomica	атомная бомба (ж)	[átɔmnaja bómba]

pistola (f)	пистолет (м)	[pistɔlét]
fucile (m)	ружьё (с)	[ruʒjǿ]
mitra (m)	автомат (м)	[aftɔmát]
mitragliatrice (f)	пулемёт (м)	[pulemǿt]

bocca (f)	дуло (с)	[dúlɔ]
canna (f)	ствол (м)	[stvól]
calibro (m)	калибр (м)	[kalíbr]

grilletto (m)	курок (м)	[kurók]
mirino (m)	прицел (м)	[pritsǽl]
caricatore (m)	магазин (м)	[magazín]
calcio (m)	приклад (м)	[priklád]
bomba (f) a mano	граната (ж)	[granáta]

esplosivo (m)	взрывчатка (ж)	[vzrifʧátka]
pallottola (f)	пуля (ж)	[púlʲa]
cartuccia (f)	патрон (м)	[patrón]
carica (f)	заряд (м)	[zarʲád]
munizioni (f pl)	боеприпасы (мн)	[bɔepripási]
bombardiere (m)	бомбардировщик (м)	[bombardirófʃik]
aereo (m) da caccia	истребитель (м)	[istrebítelʲ]
elicottero (m)	вертолёт (м)	[vertɔlǿt]
cannone (m) antiaereo	зенитка (ж)	[zenítka]
carro (m) armato	танк (м)	[tánk]
cannone (m)	пушка (ж)	[púʃka]
artiglieria (f)	артиллерия (ж)	[artilérija]
mirare a ...	навести на ... (св)	[navestí na ...]
proiettile (m)	снаряд (м)	[snarʲád]
granata (f) da mortaio	мина (ж)	[mína]
mortaio (m)	миномёт (м)	[minɔmǿt]
scheggia (f)	осколок (м)	[ɔskólɔk]
sottomarino (m)	подводная лодка (ж)	[pɔdvódnaja lótka]
siluro (m)	торпеда (ж)	[tɔrpéda]
missile (m)	ракета (ж)	[rakéta]
caricare (~ una pistola)	заряжать (нсв, пх)	[zarɪʒátʲ]
sparare (vi)	стрелять (нсв, нпх)	[strelʲátʲ]
puntare su ...	целиться (нсв, возв)	[tsǽliʦa]
baionetta (f)	штык (м)	[ʃtɨk]
spada (f)	шпага (ж)	[ʃpága]
sciabola (f)	сабля (ж)	[sáblʲa]
lancia (f)	копьё (с)	[kɔpjǿ]
arco (m)	лук (м)	[lúk]
freccia (f)	стрела (ж)	[strelá]
moschetto (m)	мушкет (м)	[muʃkét]
balestra (f)	арбалет (м)	[arbalét]

157. Gli antichi

primitivo (agg)	первобытный	[pervɔbɨ̃tnij]
preistorico (agg)	доисторический	[dɔistɔríʧeskij]
antico (agg)	древний	[drévnij]
Età (f) della pietra	Каменный Век (м)	[kámennij vek]
Età (f) del bronzo	Бронзовый Век (м)	[brónzɔvij vek]
epoca (f) glaciale	ледниковый период (м)	[lednikóvij períud]
tribù (f)	племя (с)	[plémʲa]
cannibale (m)	людоед (м)	[lʲudɔéd]
cacciatore (m)	охотник (м)	[ɔhótnik]
cacciare (vt)	охотиться (нсв, возв)	[ɔhótiʦa]
mammut (m)	мамонт (м)	[mámɔnt]

caverna (f), grotta (f)	пещера (ж)	[peʃéra]
fuoco (m)	огонь (м)	[ɔgónʲ]
falò (m)	костёр (м)	[kɔstǿr]
pittura (f) rupestre	наскальный рисунок (м)	[naskálʲnij risúnɔk]

strumento (m) di lavoro	орудие (с) труда	[ɔrúdie trudá]
lancia (f)	копьё (с)	[kɔpjǿ]
ascia (f) di pietra	каменный топор (м)	[kámennij tɔpór]
essere in guerra	воевать (нсв, нпх)	[vɔevátʲ]
addomesticare (vt)	приручать (нсв, пх)	[prirutʃátʲ]

idolo (m)	идол (м)	[ídɔl]
idolatrare (vt)	поклоняться (нсв, возв)	[pɔklɔnʲátsa]
superstizione (f)	суеверие (с)	[suevérie]

evoluzione (f)	эволюция (ж)	[ɛvɔlʲútsija]
sviluppo (m)	развитие (с)	[razvítie]
estinzione (f)	исчезновение (с)	[isʃeznɔvénie]
adattarsi (vr)	приспосабливаться (нсв, возв)	[prispɔsáblivatsa]

archeologia (f)	археология (ж)	[arheɔlógija]
archeologo (m)	археолог (м)	[arheólɔg]
archeologico (agg)	археологический	[arheɔlɔgítʃeskij]

sito (m) archeologico	раскопки (мн)	[raskópki]
scavi (m pl)	раскопки (мн)	[raskópki]
reperto (m)	находка (ж)	[nahótka]
frammento (m)	фрагмент (м)	[fragmént]

158. Il Medio Evo

popolo (m)	народ (м)	[naród]
popoli (m pl)	народы (м мн)	[naródi]
tribù (f)	племя (с)	[plémʲa]
tribù (f pl)	племена (с мн)	[plemená]

barbari (m pl)	варвары (м мн)	[várvari]
galli (m pl)	галлы (м мн)	[gáli]
goti (m pl)	готы (м мн)	[góti]
slavi (m pl)	славяне (мн)	[slavʲáne]
vichinghi (m pl)	викинги (м мн)	[víkingi]

romani (m pl)	римляне (мн)	[rímlɪne]
romano (agg)	римский	[rímskij]

bizantini (m pl)	византийцы (м мн)	[vizantíjtsi]
Bisanzio (m)	Византия (ж)	[vizantíja]
bizantino (agg)	византийский	[vizantíjskij]

imperatore (m)	император (м)	[imperátɔr]
capo (m)	вождь (м)	[vóʒtʲ]
potente (un re ~)	могущественный	[mɔgúʃestvenij]
re (m)	король (м)	[kɔrólʲ]

governante (m) (sovrano)	правитель (м)	[pravítelʲ]
cavaliere (m)	рыцарь (м)	[rĩˈtsarʲ]
feudatario (m)	феодал (м)	[feɔdál]
feudale (agg)	феодальный	[feɔdálʲnij]
vassallo (m)	вассал (м)	[vasál]
duca (m)	герцог (м)	[gérˈtsɔg]
conte (m)	граф (м)	[gráf]
barone (m)	барон (м)	[barón]
vescovo (m)	епископ (м)	[epískɔp]
armatura (f)	доспехи (мн)	[dɔspéhi]
scudo (m)	щит (м)	[ʃʲít]
spada (f)	меч (м)	[métʃ]
visiera (f)	забрало (с)	[zabrálɔ]
cotta (f) di maglia	кольчуга (ж)	[kɔlʲtʃúga]
crociata (f)	крестовый поход (м)	[krestóvij pɔhód]
crociato (m)	крестоносец (м)	[krestɔnósets]
territorio (m)	территория (ж)	[teritórija]
attaccare (vt)	нападать (нсв, нпх)	[napadátʲ]
conquistare (vt)	завоевать (св, пх)	[zavɔevátʲ]
occupare (invadere)	захватить (св, пх)	[zahvatítʲ]
assedio (m)	осада (ж)	[ɔsáda]
assediato (agg)	осаждённый	[ɔsaʒdǿnnij]
assediare (vt)	осаждать (нсв, пх)	[ɔsaʒdátʲ]
inquisizione (f)	инквизиция (ж)	[inkvizítsija]
inquisitore (m)	инквизитор (м)	[inkvizítor]
tortura (f)	пытка (ж)	[pĩtka]
crudele (agg)	жестокий	[ʒestókij]
eretico (m)	еретик (м)	[eretík]
eresia (f)	ересь (ж)	[éresʲ]
navigazione (f)	мореплавание (с)	[more·plávanie]
pirata (m)	пират (м)	[pirát]
pirateria (f)	пиратство (с)	[pirátstvɔ]
arrembaggio (m)	абордаж (м)	[abɔrdáʃ]
bottino (m)	добыча (ж)	[dɔbĩtʃa]
tesori (m)	сокровища (мн)	[sɔkróviʃa]
scoperta (f)	открытие (с)	[ɔtkrĩtie]
scoprire (~ nuove terre)	открыть (св, пх)	[ɔtkrĩtʲ]
spedizione (f)	экспедиция (ж)	[ɛkspedítsija]
moschettiere (m)	мушкетёр (м)	[muʃketǿr]
cardinale (m)	кардинал (м)	[kardinál]
araldica (f)	геральдика (ж)	[gerálʲdika]
araldico (agg)	геральдический	[geralʲdítʃeskij]

159. Leader. Capo. Le autorità

re (m)	король (м)	[kɔrólʲ]
regina (f)	королева (ж)	[kɔrɔléva]

reale (agg)	королевский	[kɔrɔléfskij]
regno (m)	королевство (c)	[kɔrɔléfstvɔ]
principe (m)	принц (м)	[prínʦ]
principessa (f)	принцесса (ж)	[prinʦǽsa]
presidente (m)	президент (м)	[prezidént]
vicepresidente (m)	вице-президент (м)	[víʦɛ-prezidént]
senatore (m)	сенатор (м)	[senátɔr]
monarca (m)	монарх (м)	[mɔnárh]
governante (m) (sovrano)	правитель (м)	[pravítelʲ]
dittatore (m)	диктатор (м)	[diktátɔr]
tiranno (m)	тиран (м)	[tirán]
magnate (m)	магнат (м)	[magnát]
direttore (m)	директор (м)	[diréktɔr]
capo (m)	шеф (м)	[ʃǽf]
dirigente (m)	управляющий (м)	[upravlʲájuʃʲij]
capo (m)	босс (м)	[bós]
proprietario (m)	хозяин (м)	[hɔzʲáin]
capo (m) (~ delegazione)	глава (ж)	[glavá]
autorità (f pl)	власти (мн)	[vlásti]
superiori (m pl)	начальство (c)	[natʃálʲstvɔ]
governatore (m)	губернатор (м)	[gubernátɔr]
console (m)	консул (м)	[kónsul]
diplomatico (m)	дипломат (м)	[diplɔmát]
sindaco (m)	мэр (м)	[mǽr]
sceriffo (m)	шериф (м)	[ʃɛríf]
imperatore (m)	император (м)	[imperátɔr]
zar (m)	царь (м)	[ʦárʲ]
faraone (m)	фараон (м)	[faraón]
khan (m)	хан (м)	[hán]

160. Infrangere la legge. Criminali. Parte 1

bandito (m)	бандит (м)	[bandít]
delitto (m)	преступление (c)	[prestuplénie]
criminale (m)	преступник (м)	[prestúpnik]
ladro (m)	вор (м)	[vór]
ruberia (f)	воровство (c)	[vɔrɔfstvó]
reato (m) di furto	кража (ж)	[kráʒa]
rapire (vt)	похитить (св, пх)	[pɔhítitʲ]
rapimento (m)	похищение (c)	[pɔhiʃʲénie]
rapitore (m)	похититель (м)	[pɔhitítelʲ]
riscatto (m)	выкуп (м)	[vɪ̄kup]
chiedere il riscatto	требовать выкуп	[trébɔvatʲ vɪ̄kup]
rapinare (vt)	грабить (нсв, пх)	[grábitʲ]

rapinatore (m)	грабитель (м)	[grabítelʲ]
estorcere (vt)	вымогать (нсв, пх)	[vimɔgátʲ]
estorsore (m)	вымогатель (м)	[vimɔgátelʲ]
estorsione (f)	вымогательство (с)	[vimɔgátelʲstvɔ]

uccidere (vt)	убить (св, пх)	[ubítʲ]
assassinio (m)	убийство (с)	[ubíjstvɔ]
assassino (m)	убийца (ж)	[ubíjtsa]

sparo (m)	выстрел (м)	[vîstrel]
tirare un colpo	выстрелить (св, нпх)	[vîstrelitʲ]
abbattere (con armi da fuoco)	застрелить (св, пх)	[zastrelítʲ]
sparare (vi)	стрелять (нсв, нпх)	[strelʲátʲ]
sparatoria (f)	стрельба (ж)	[strelʲbá]

incidente (m) (rissa, ecc.)	происшествие (с)	[prɔiʃǽstvie]
rissa (f)	драка (ж)	[dráka]
vittima (f)	жертва (ж)	[ʒǽrtva]

danneggiare (vt)	повредить (св, пх)	[pɔvredítʲ]
danno (m)	ущерб (м)	[uʃérb]
cadavere (m)	труп (м)	[trúp]
grave (reato ~)	тяжкий	[tʲáʃkij]

aggredire (vt)	напасть (св, нпх)	[napástʲ]
picchiare (vt)	бить (нсв, пх)	[bítʲ]
malmenare (picchiare)	избить (св, пх)	[izbítʲ]
sottrarre (vt)	отнять (св, пх)	[ɔtnʲátʲ]
accoltellare a morte	зарезать (св, пх)	[zarézatʲ]
mutilare (vt)	изувечить (св, пх)	[izuvétʃitʲ]
ferire (vt)	ранить (н/св, пх)	[ránitʲ]

ricatto (m)	шантаж (м)	[ʃantáʃ]
ricattare (vt)	шантажировать (нсв, пх)	[ʃantaʒîrɔvatʲ]
ricattatore (m)	шантажист (м)	[ʃantaʒîst]

estorsione (f)	рэкет (м)	[rǽket]
estortore (m)	рэкетир (м)	[rɛketír]
gangster (m)	гангстер (м)	[gángstɛr]
mafia (f)	мафия (ж)	[máfija]

borseggiatore (m)	карманник (м)	[karmánnik]
scassinatore (m)	взломщик (м)	[vzlómʃʲik]
contrabbando (m)	контрабанда (ж)	[kɔntrabánda]
contrabbandiere (m)	контрабандист (м)	[kɔntrabandíst]

falsificazione (f)	подделка (ж)	[pɔddélka]
falsificare (vt)	подделывать (нсв, пх)	[pɔddélivatʲ]
falso, falsificato (agg)	фальшивый	[falʲʃîvij]

161. Infrangere la legge. Criminali. Parte 2

| stupro (m) | изнасилование (с) | [iznasílɔvanie] |
| stuprare (vt) | изнасиловать (св, пх) | [iznasílɔvatʲ] |

stupratore (m)	насильник (м)	[nasílʲnik]
maniaco (m)	маньяк (м)	[manják]
prostituta (f)	проститутка (ж)	[prɔstitútka]
prostituzione (f)	проституция (ж)	[prɔstitútsija]
magnaccia (m)	сутенёр (м)	[sutenǿr]
drogato (m)	наркоман (м)	[narkɔmán]
trafficante (m) di droga	торговец (м) наркотиками	[tɔrgóvets narkótikami]
far esplodere	взорвать (св, пх)	[vzɔrvátʲ]
esplosione (f)	взрыв (м)	[vzrī́f]
incendiare (vt)	поджечь (св, пх)	[pɔdʒǽtʃʲ]
incendiario (m)	поджигатель (м)	[pɔdʒigátelʲ]
terrorismo (m)	терроризм (м)	[terɔrízm]
terrorista (m)	террорист (м)	[terɔríst]
ostaggio (m)	заложник (м)	[zalóʒnik]
imbrogliare (vt)	обмануть (св, пх)	[ɔbmanútʲ]
imbroglio (m)	обман (м)	[ɔbmán]
imbroglione (m)	мошенник (м)	[mɔʃǽnnik]
corrompere (vt)	подкупить (св, пх)	[pɔtkupítʲ]
corruzione (f)	подкуп (м)	[pótkup]
bustarella (f)	взятка (ж)	[vzʲátka]
veleno (m)	яд (м)	[jád]
avvelenare (vt)	отравить (св, пх)	[ɔtravítʲ]
avvelenarsi (vr)	отравиться (св, возв)	[ɔtravítsa]
suicidio (m)	самоубийство (c)	[samɔubíjstvɔ]
suicida (m)	самоубийца (м, ж)	[samɔubíjtsa]
minacciare (vt)	угрожать (нсв, пх)	[ugrɔʒátʲ]
minaccia (f)	угроза (ж)	[ugróza]
attentare (vi)	покушаться (нсв, возв)	[pɔkuʃátsa]
attentato (m)	покушение (c)	[pɔkuʃǽnie]
rubare (~ una macchina)	угнать (св, пх)	[ugnátʲ]
dirottare (~ un aereo)	угнать (св, пх)	[ugnátʲ]
vendetta (f)	месть (ж)	[méstʲ]
vendicare (vt)	мстить (нсв, пх)	[mstítʲ]
torturare (vt)	пытать (нсв, пх)	[pitátʲ]
tortura (f)	пытка (ж)	[pī́tka]
maltrattare (vt)	мучить (нсв, пх)	[mútʃitʲ]
pirata (m)	пират (м)	[pirát]
teppista (m)	хулиган (м)	[huligán]
armato (agg)	вооружённый	[vɔɔruʒónnij]
violenza (f)	насилие (c)	[nasílie]
illegale (agg)	нелегальный	[nelegálʲnij]
spionaggio (m)	шпионаж (м)	[ʃpiɔnáʃ]
spiare (vi)	шпионить (нсв, нпх)	[ʃpiónitʲ]

162. Polizia. Legge. Parte 1

giustizia (f)	правосудие (c)	[pravɔsúdie]
tribunale (m)	суд (м)	[súd]
giudice (m)	судья (ж)	[sudjá]
giurati (m)	присяжные (мн)	[prisʲáʒnie]
processo (m) con giuria	суд (м) присяжных	[sút prisʲáʒnih]
giudicare (vt)	судить (нсв, пх)	[sudítʲ]
avvocato (m)	адвокат (м)	[advɔkát]
imputato (m)	подсудимый (м)	[pɔtsudímij]
banco (m) degli imputati	скамья (ж) подсудимых	[skamjá pɔtsudímih]
accusa (f)	обвинение (c)	[ɔbvinénie]
accusato (m)	обвиняемый (м)	[ɔbvinʲáemij]
condanna (f)	приговор (м)	[prigɔvór]
condannare (vt)	приговорить (св, пх)	[prigɔvorítʲ]
colpevole (m)	виновник (м)	[vinóvnik]
punire (vt)	наказать (св, пх)	[nakazátʲ]
punizione (f)	наказание (c)	[nakazánie]
multa (f), ammenda (f)	штраф (м)	[ʃtráf]
ergastolo (m)	пожизненное заключение (c)	[pɔʒīznenɔe zaklʲutʃénie]
pena (f) di morte	смертная казнь (ж)	[smértnaja káznʲ]
sedia (f) elettrica	электрический стул (м)	[ɛlektrítʃeskij stúl]
impiccagione (f)	виселица (ж)	[víselitsa]
giustiziare (vt)	казнить (н/св, пх)	[kaznítʲ]
esecuzione (f)	казнь (ж)	[káznʲ]
prigione (f)	тюрьма (ж)	[tʲurʲmá]
cella (f)	камера (ж)	[kámera]
scorta (f)	конвой (м)	[kɔnvój]
guardia (f) carceraria	надзиратель (м)	[nadzirátelʲ]
prigioniero (m)	заключённый (м)	[zaklʲutʃónnij]
manette (f pl)	наручники (мн)	[narútʃniki]
mettere le manette	надеть наручники	[nadétʲ narútʃniki]
fuga (f)	побег (м)	[pɔbég]
fuggire (vi)	убежать (св, нпх)	[ubeʒátʲ]
scomparire (vi)	исчезнуть (св, нпх)	[isʃéznutʲ]
liberare (vt)	освободить (св, пх)	[ɔsvɔbodítʲ]
amnistia (f)	амнистия (ж)	[amnístija]
polizia (f)	полиция (ж)	[pɔlítsija]
poliziotto (m)	полицейский (м)	[pɔlitsǽjskij]
commissariato (m)	полицейский участок (м)	[pɔlitsǽjskij utʃástɔk]
manganello (m)	резиновая дубинка (ж)	[rezínɔvaja dubínka]
altoparlante (m)	рупор (м)	[rúpɔr]

macchina (f) di pattuglia	патрульная машина (ж)	[patrúlʲnaja maʃína]
sirena (f)	сирена (ж)	[siréna]
mettere la sirena	включить сирену	[fklʲutʃítʲ sirénu]
suono (m) della sirena	вой (м) сирены	[vój siréni]

luogo (m) del crimine	место (с) преступления	[mésto prestuplénija]
testimone (m)	свидетель (м)	[svidételʲ]
libertà (f)	свобода (ж)	[svobóda]
complice (m)	сообщник (м)	[soópʃnik]
fuggire (vi)	скрыться (св, возв)	[skrítsa]
traccia (f)	след (м)	[sléd]

163. Polizia. Legge. Parte 2

ricerca (f) (~ di un criminale)	розыск (м)	[rózisk]
cercare (vt)	разыскивать ... (нсв, пх)	[razískivatʲ ...]
sospetto (m)	подозрение (с)	[podozrénie]
sospetto (agg)	подозрительный	[podozrítelʲnij]
fermare (vt)	остановить (св, пх)	[ostanovítʲ]
arrestare (qn)	задержать (св, пх)	[zaderʒátʲ]

causa (f)	дело (с)	[délo]
inchiesta (f)	следствие (с)	[slétstvie]
detective (m)	детектив, сыщик (м)	[dɛtɛktíf], [síʃik]
investigatore (m)	следователь (м)	[slédovatelʲ]
versione (f)	версия (ж)	[vérsija]

movente (m)	мотив (м)	[motíf]
interrogatorio (m)	допрос (м)	[doprós]
interrogare (sospetto)	допрашивать (нсв, пх)	[dopráʃivatʲ]
interrogare (vicini)	опрашивать (нсв, пх)	[opráʃivatʲ]
controllo (m) (~ di polizia)	проверка (ж)	[provérka]

retata (f)	облава (ж)	[obláva]
perquisizione (f)	обыск (м)	[óbisk]
inseguimento (m)	погоня (ж)	[pogónʲa]
inseguire (vt)	преследовать (нсв, пх)	[preslédovatʲ]
essere sulle tracce	следить (нсв, нпх)	[sledítʲ]

arresto (m)	арест (м)	[arést]
arrestare (qn)	арестовать (св, пх)	[arestovátʲ]
catturare (~ un ladro)	поймать (св, пх)	[pojmátʲ]
cattura (f)	поимка (ж)	[poímka]

documento (m)	документ (м)	[dokumént]
prova (f), reperto (m)	доказательство (с)	[dokazátelʲstvo]
provare (vt)	доказывать (нсв, пх)	[dokázivatʲ]
impronta (f) del piede	след (м)	[sléd]
impronte (f pl) digitali	отпечатки (м мн) пальцев	[otpetʃátki pálʲtsɛf]
elemento (m) di prova	улика (ж)	[ulíka]

alibi (m)	алиби (с)	[álibi]
innocente (agg)	невиновный	[nevinóvnij]
ingiustizia (f)	несправедливость (ж)	[nespravedlívostʲ]

ingiusto (agg)	несправедливый	[nespravedlívij]
criminale (agg)	криминальный	[kriminálʲnij]
confiscare (vt)	конфисковать (св, пх)	[kɔnfiskɔvátʲ]
droga (f)	наркотик (м)	[narkótik]
armi (f pl)	оружие (с)	[ɔrúʒie]
disarmare (vt)	обезоружить (св, пх)	[ɔbezɔrúʒitʲ]
ordinare (vt)	приказывать (нсв, пх)	[prikázivatʲ]
sparire (vi)	исчезнуть (св, нпх)	[isʃéznutʲ]

legge (f)	закон (м)	[zakón]
legale (agg)	законный	[zakónnij]
illegale (agg)	незаконный	[nezakónnij]

| responsabilità (f) | ответственность (ж) | [ɔtvétstvenɔstʲ] |
| responsabile (agg) | ответственный | [ɔtvétstvenij] |

LA NATURA

La Terra. Parte 1

164. L'Universo

cosmo (m)	космос (м)	[kósmɔs]
cosmico, spaziale (agg)	космический	[kɔsmítʃeskij]
spazio (m) cosmico	космическое пространство	[kɔsmítʃeskɔe prɔstránstvɔ]
mondo (m)	мир (м)	[mír]
universo (m)	вселенная (ж)	[fselénnaja]
galassia (f)	галактика (ж)	[galáktika]
stella (f)	звезда (ж)	[zvezdá]
costellazione (f)	созвездие (с)	[sɔzvézdie]
pianeta (m)	планета (ж)	[planéta]
satellite (m)	спутник (м)	[spútnik]
meteorite (m)	метеорит (м)	[meteɔrít]
cometa (f)	комета (ж)	[kɔméta]
asteroide (m)	астероид (м)	[astɛróid]
orbita (f)	орбита (ж)	[ɔrbíta]
ruotare (vi)	вращаться (нсв, возв)	[vraʃátsa]
atmosfera (f)	атмосфера (ж)	[atmɔsféra]
il Sole	Солнце (с)	[sóntse]
sistema (m) solare	Солнечная система (ж)	[sólnetʃnaja sistéma]
eclisse (f) solare	солнечное затмение (с)	[sólnetʃnɔe zatménie]
la Terra	Земля (ж)	[zemlʲá]
la Luna	Луна (ж)	[luná]
Marte (m)	Марс (м)	[márs]
Venere (f)	Венера (ж)	[venéra]
Giove (m)	Юпитер (м)	[jupíter]
Saturno (m)	Сатурн (м)	[satúrn]
Mercurio (m)	Меркурий (м)	[merkúrij]
Urano (m)	Уран (м)	[urán]
Nettuno (m)	Нептун (м)	[neptún]
Plutone (m)	Плутон (м)	[plutón]
Via (f) Lattea	Млечный Путь (м)	[mlétʃnij pútʲ]
Orsa (f) Maggiore	Большая Медведица (ж)	[bolʲʃája medvéditsa]
Stella (f) Polare	Полярная Звезда (ж)	[polʲárnaja zvezdá]
marziano (m)	марсианин (м)	[marsiánin]

extraterrestre (m)	инопланетянин (м)	[inɔplanetʲánin]
alieno (m)	пришелец (м)	[priʃǽlets]
disco (m) volante	летающая тарелка (ж)	[letájuʃʲaja tarélka]

nave (f) spaziale	космический корабль (м)	[kɔsmítʃeskij kɔráblʲ]
stazione (f) spaziale	орбитальная станция (ж)	[ɔrbitálʲnaja stántsija]
lancio (m)	старт (м)	[stárt]

motore (m)	двигатель (м)	[dvígatelʲ]
ugello (m)	сопло (c)	[sɔpló]
combustibile (m)	топливо (c)	[tóplivɔ]

cabina (f) di pilotaggio	кабина (ж)	[kabína]
antenna (f)	антенна (ж)	[antǽna]
oblò (m)	иллюминатор (м)	[ilʲuminátɔr]
batteria (f) solare	солнечная батарея (ж)	[sólnetʃnaja bataréja]
scafandro (m)	скафандр (м)	[skafándr]

| imponderabilità (f) | невесомость (ж) | [nevesómɔstʲ] |
| ossigeno (m) | кислород (м) | [kislɔród] |

| aggancio (m) | стыковка (ж) | [stikófka] |
| agganciarsi (vr) | производить стыковку | [prɔizvɔdítʲ stikófku] |

osservatorio (m)	обсерватория (ж)	[ɔpservatórija]
telescopio (m)	телескоп (м)	[teleskóp]
osservare (vt)	наблюдать (нсв, нпх)	[nablʲudátʲ]
esplorare (vt)	исследовать (н/св, пх)	[islédɔvatʲ]

165. La Terra

la Terra	Земля (ж)	[zemlʲá]
globo (m) terrestre	земной шар (м)	[zemnój ʃár]
pianeta (m)	планета (ж)	[planéta]

atmosfera (f)	атмосфера (ж)	[atmɔsféra]
geografia (f)	география (ж)	[geɔgráfija]
natura (f)	природа (ж)	[priróda]

mappamondo (m)	глобус (м)	[glóbus]
carta (f) geografica	карта (ж)	[kárta]
atlante (m)	атлас (м)	[átlas]

Europa (f)	Европа (ж)	[evrópa]
Asia (f)	Азия (ж)	[ázija]
Africa (f)	Африка (ж)	[áfrika]
Australia (f)	Австралия (ж)	[afstrálija]

America (f)	Америка (ж)	[amérika]
America (f) del Nord	Северная Америка (ж)	[sévernaja amérika]
America (f) del Sud	Южная Америка (ж)	[júʒnaja amérika]

| Antartide (f) | Антарктида (ж) | [antarktída] |
| Artico (m) | Арктика (ж) | [árktika] |

166. Punti cardinali

nord (m)	север (м)	[séver]
a nord	на север	[na séver]
al nord	на севере	[na sévere]
del nord (agg)	северный	[sévernij]
sud (m)	юг (м)	[júg]
a sud	на юг	[na júg]
al sud	на юге	[na júge]
del sud (agg)	южный	[júʒnij]
ovest (m)	запад (м)	[západ]
a ovest	на запад	[na západ]
all'ovest	на западе	[na západe]
dell'ovest, occidentale	западный	[západnij]
est (m)	восток (м)	[vɔstók]
a est	на восток	[na vɔstók]
all'est	на востоке	[na vɔstóke]
dell'est, orientale	восточный	[vɔstótʃnij]

167. Mare. Oceano

mare (m)	море (с)	[móre]
oceano (m)	океан (м)	[ɔkeán]
golfo (m)	залив (м)	[zalíf]
stretto (m)	пролив (м)	[prɔlíf]
terra (f) (terra firma)	земля (ж), суша (ж)	[zemlʲá], [súʃa]
continente (m)	материк (м)	[materík]
isola (f)	остров (м)	[óstrɔf]
penisola (f)	полуостров (м)	[pɔlu·óstrɔf]
arcipelago (m)	архипелаг (м)	[arhipelág]
baia (f)	бухта (ж)	[búhta]
porto (m)	гавань (ж)	[gávanʲ]
laguna (f)	лагуна (ж)	[lagúna]
capo (m)	мыс (м)	[mɨs]
atollo (m)	атолл (м)	[atól]
scogliera (f)	риф (м)	[ríf]
corallo (m)	коралл (м)	[kɔrál]
barriera (f) corallina	коралловый риф (м)	[kɔrálɔvij ríf]
profondo (agg)	глубокий	[glubókij]
profondità (f)	глубина (ж)	[glubiná]
abisso (m)	бездна (ж)	[bézdna]
fossa (f) (~ delle Marianne)	впадина (ж)	[fpádina]
corrente (f)	течение (с)	[tetʃénie]
circondare (vt)	омывать (нсв, пх)	[ɔmivátʲ]
litorale (m)	побережье (с)	[pɔberéʒje]

costa (f)	берег (м)	[béreg]
alta marea (f)	прилив (м)	[prilíf]
bassa marea (f)	отлив (м)	[otlíf]
banco (m) di sabbia	отмель (ж)	[ótmelʲ]
fondo (m)	дно (с)	[dnó]

onda (f)	волна (ж)	[vɔlná]
cresta (f) dell'onda	гребень (м) волны	[grébenʲ vɔlnɨ̄]
schiuma (f)	пена (ж)	[péna]

tempesta (f)	буря (ж)	[búrʲa]
uragano (m)	ураган (м)	[uragán]
tsunami (m)	цунами (с)	[tsunámi]
bonaccia (f)	штиль (м)	[ʃtílʲ]
tranquillo (agg)	спокойный	[spɔkójnij]

| polo (m) | полюс (м) | [pólʲus] |
| polare (agg) | полярный | [pɔlʲárnij] |

latitudine (f)	широта (ж)	[ʃirɔtá]
longitudine (f)	долгота (ж)	[dɔlgɔtá]
parallelo (m)	параллель (ж)	[paralélʲ]
equatore (m)	экватор (м)	[ɛkvátɔr]

cielo (m)	небо (с)	[nébɔ]
orizzonte (m)	горизонт (м)	[gɔrizónt]
aria (f)	воздух (м)	[vózduh]

faro (m)	маяк (м)	[maják]
tuffarsi (vr)	нырять (нсв, нпх)	[nirʲátʲ]
affondare (andare a fondo)	затонуть (св, нпх)	[zatɔnútʲ]
tesori (m)	сокровища (мн)	[sɔkróviʃa]

168. Montagne

monte (m), montagna (f)	гора (ж)	[gɔrá]
catena (f) montuosa	горная цепь (ж)	[górnaja tsæpʲ]
crinale (m)	горный хребет (м)	[górnij hrebét]

cima (f)	вершина (ж)	[verʃína]
picco (m)	пик (м)	[pík]
piedi (m pl)	подножие (с)	[pɔdnóʒie]
pendio (m)	склон (м)	[sklón]

vulcano (m)	вулкан (м)	[vulkán]
vulcano (m) attivo	действующий вулкан (м)	[déjstvujuʃij vulkán]
vulcano (m) inattivo	потухший вулкан (м)	[pɔtúhʃij vulkán]

eruzione (f)	извержение (с)	[izverʒǽnie]
cratere (m)	кратер (м)	[krátɛr]
magma (m)	магма (ж)	[mágma]
lava (f)	лава (ж)	[láva]
fuso (lava ~a)	раскалённый	[raskalǿnnij]
canyon (m)	каньон (м)	[kanjón]

| gola (f) | ущелье (c) | [uʃélje] |
| crepaccio (m) | расщелина (ж) | [raʃélina] |

passo (m), valico (m)	перевал (м)	[perevál]
altopiano (m)	плато (c)	[plató]
falesia (f)	скала (ж)	[skalá]
collina (f)	холм (м)	[hólm]

ghiacciaio (m)	ледник (м)	[ledník]
cascata (f)	водопад (м)	[vɔdɔpád]
geyser (m)	гейзер (м)	[géjzer]
lago (m)	озеро (c)	[ózerɔ]

pianura (f)	равнина (ж)	[ravnína]
paesaggio (m)	пейзаж (м)	[pejzáʃ]
eco (f)	эхо (c)	[æhɔ]

alpinista (m)	альпинист (м)	[alʲpiníst]
scalatore (m)	скалолаз (м)	[skalɔlás]
conquistare (~ una cima)	покорять (нсв, пх)	[pɔkɔrʲátʲ]
scalata (f)	восхождение (c)	[vɔsxɔʒdénie]

169. Fiumi

fiume (m)	река (ж)	[reká]
fonte (f) (sorgente)	источник (м)	[istótʃnik]
letto (m) (~ del fiume)	русло (c)	[rúslɔ]
bacino (m)	бассейн (м)	[basæjn]
sfociare nel …	впадать в … (нсв)	[fpadátʲ f …]

| affluente (m) | приток (м) | [pritók] |
| riva (f) | берег (м) | [béreg] |

corrente (f)	течение (c)	[tetʃénie]
a valle	вниз по течению	[vnís pɔ tetʃéniju]
a monte	вверх по течению	[vvérh pɔ tetʃéniju]

inondazione (f)	наводнение (c)	[navɔdnénie]
piena (f)	половодье (c)	[pɔlɔvódje]
straripare (vi)	разливаться (нсв, возв)	[razlivátsa]
inondare (vt)	затоплять (нсв, пх)	[zatɔplʲátʲ]

| secca (f) | мель (ж) | [mélʲ] |
| rapida (f) | порог (м) | [pɔróg] |

diga (f)	плотина (ж)	[plɔtína]
canale (m)	канал (м)	[kanál]
bacino (m) di riserva	водохранилище (c)	[vódɔ·hraníliʃe]
chiusa (f)	шлюз (м)	[ʃlʲús]

specchio (m) d'acqua	водоём (м)	[vɔdɔjóm]
palude (f)	болото (c)	[bɔlótɔ]
pantano (m)	трясина (ж)	[trɪsína]
vortice (m)	водоворот (м)	[vɔdɔvɔrót]

ruscello (m)	ручей (м)	[rutʃéj]
potabile (agg)	питьевой	[pitjevój]
dolce (di acqua ~)	пресный	[présnij]

| ghiaccio (m) | лёд (м) | [lǿd] |
| ghiacciarsi (vr) | замёрзнуть (св, нпх) | [zamǿrznutʲ] |

170. Foresta

| foresta (f) | лес (м) | [lés] |
| forestale (agg) | лесной | [lesnój] |

foresta (f) fitta	чаща (ж)	[tʃáʃʲa]
boschetto (m)	роща (ж)	[róʃʲa]
radura (f)	поляна (ж)	[pɔlʲána]

| roveto (m) | заросли (мн) | [zárɔsli] |
| boscaglia (f) | кустарник (м) | [kustárnik] |

| sentiero (m) | тропинка (ж) | [trɔpínka] |
| calanco (m) | овраг (м) | [ɔvrág] |

albero (m)	дерево (с)	[dérevɔ]
foglia (f)	лист (м)	[líst]
fogliame (m)	листва (ж)	[listvá]

caduta (f) delle foglie	листопад (м)	[listɔpád]
cadere (vi)	опадать (нсв, нпх)	[ɔpadátʲ]
cima (f)	верхушка (ж)	[verhúʃka]

ramo (m), ramoscello (m)	ветка (ж)	[vétka]
ramo (m)	сук (м)	[súk]
gemma (f)	почка (ж)	[pótʃka]
ago (m)	игла (ж)	[iglá]
pigna (f)	шишка (ж)	[ʃíʃka]

cavità (f)	дупло (с)	[dupló]
nido (m)	гнездо (с)	[gnezdó]
tana (f) (del fox, ecc.)	нора (ж)	[nɔrá]

tronco (m)	ствол (м)	[stvól]
radice (f)	корень (м)	[kórenʲ]
corteccia (f)	кора (ж)	[kɔrá]
musco (m)	мох (м)	[móh]

sradicare (vt)	корчевать (нсв, пх)	[kɔrtʃevátʲ]
abbattere (~ un albero)	рубить (нсв, пх)	[rubítʲ]
disboscare (vt)	вырубать лес	[virubátʲ lʲés]
ceppo (m)	пень (м)	[pénʲ]

falò (m)	костёр (м)	[kɔstǿr]
incendio (m) boschivo	пожар (м)	[pɔʒár]
spegnere (vt)	тушить (нсв, пх)	[tuʃítʲ]
guardia (f) forestale	лесник (м)	[lesník]

protezione (f)	охрана (ж)	[ɔhrána]
proteggere (~ la natura)	охранять (нсв, пх)	[ɔhranʲátʲ]
bracconiere (m)	браконьер (м)	[brakɔnjér]
tagliola (f) (~ per orsi)	капкан (м)	[kapkán]

raccogliere (vt)	собирать (нсв, пх)	[sɔbirátʲ]
perdersi (vr)	заблудиться (св, возв)	[zabludítsa]

171. Risorse naturali

risorse (f pl) naturali	природные ресурсы (м мн)	[priródnie resúrsi]
minerali (m pl)	полезные ископаемые (с мн)	[poléznie iskɔpáemie]
deposito (m) (~ di carbone)	залежи (мн)	[zálеʒi]
giacimento (m) (~ petrolifero)	месторождение (с)	[mestɔrɔʒdénie]

estrarre (vt)	добывать (нсв, пх)	[dɔbivátʲ]
estrazione (f)	добыча (ж)	[dɔbĭʧa]
minerale (m) grezzo	руда (ж)	[rudá]
miniera (f)	рудник (м)	[rudník]
pozzo (m) di miniera	шахта (ж)	[ʃáhta]
minatore (m)	шахтёр (м)	[ʃahtǿr]

gas (m)	газ (м)	[gás]
gasdotto (m)	газопровод (м)	[gazɔ·prɔvód]

petrolio (m)	нефть (ж)	[néftʲ]
oleodotto (m)	нефтепровод (м)	[nefte·prɔvód]
torre (f) di estrazione	нефтяная вышка (ж)	[neftɪnája vĭʃka]
torre (f) di trivellazione	буровая вышка (ж)	[burɔvája vĭʃka]
petroliera (f)	танкер (м)	[tánker]

sabbia (f)	песок (м)	[pesók]
calcare (m)	известняк (м)	[izvesnʲák]
ghiaia (f)	гравий (м)	[grávij]
torba (f)	торф (м)	[tórf]
argilla (f)	глина (ж)	[glína]
carbone (m)	уголь (м)	[úgɔlʲ]

ferro (m)	железо (с)	[ʒelézɔ]
oro (m)	золото (с)	[zólɔtɔ]
argento (m)	серебро (с)	[serebró]
nichel (m)	никель (м)	[níkelʲ]
rame (m)	медь (ж)	[métʲ]

zinco (m)	цинк (м)	[tsĭnk]
manganese (m)	марганец (м)	[márganets]
mercurio (m)	ртуть (ж)	[rtútʲ]
piombo (m)	свинец (м)	[svinéts]

minerale (m)	минерал (м)	[minerál]
cristallo (m)	кристалл (м)	[kristál]
marmo (m)	мрамор (м)	[mrámɔr]
uranio (m)	уран (м)	[urán]

La Terra. Parte 2

172. Tempo

tempo (m)	погода (ж)	[pɔgóda]
previsione (f) del tempo	прогноз (м) погоды	[prɔgnós pɔgódi]
temperatura (f)	температура (ж)	[temperatúra]
termometro (m)	термометр (м)	[termómetr]
barometro (m)	барометр (м)	[barómetr]
umido (agg)	влажный	[vláʒnij]
umidità (f)	влажность (ж)	[vláʒnɔstʲ]
caldo (m), afa (f)	жара (ж)	[ʒará]
molto caldo (agg)	жаркий	[ʒárkij]
fa molto caldo	жарко	[ʒárkɔ]
fa caldo	тепло	[tepló]
caldo, mite (agg)	тёплый	[tǿplij]
fa freddo	холодно	[hólɔdnɔ]
freddo (agg)	холодный	[hɔlódnij]
sole (m)	солнце (с)	[sónʦe]
splendere (vi)	светить (нсв, нпх)	[svetítʲ]
di sole (una giornata ~)	солнечный	[sólnetʃnij]
sorgere, levarsi (vr)	взойти (св, нпх)	[vzɔjtí]
tramontare (vi)	сесть (св, нпх)	[séstʲ]
nuvola (f)	облако (с)	[óblakɔ]
nuvoloso (agg)	облачный	[óblatʃnij]
nube (f) di pioggia	туча (ж)	[tútʃa]
nuvoloso (agg)	пасмурный	[pásmurnij]
pioggia (f)	дождь (м)	[dóʃtʲ], [dóʃʲ]
piove	идёт дождь	[idǿt dóʃtʲ]
piovoso (agg)	дождливый	[dɔʒdlívij]
piovigginare (vi)	моросить (нсв, нпх)	[mɔrɔsítʲ]
pioggia (f) torrenziale	проливной дождь (м)	[prɔlivnój dóʃtʲ]
acquazzone (m)	ливень (м)	[lívenʲ]
forte (una ~ pioggia)	сильный	[sílʲnij]
pozzanghera (f)	лужа (ж)	[lúʒa]
bagnarsi (~ sotto la pioggia)	промокнуть (св, нпх)	[prɔmóknutʲ]
foschia (f), nebbia (f)	туман (м)	[tumán]
nebbioso (agg)	туманный	[tumánnij]
neve (f)	снег (м)	[snég]
nevica	идёт снег	[idǿt snég]

173. Rigide condizioni metereologiche. Disastri naturali

temporale (m)	гроза (ж)	[grɔzá]
fulmine (f)	молния (ж)	[mólnija]
lampeggiare (vi)	сверкать (нсв, нпх)	[sverkátʲ]
tuono (m)	гром (м)	[gróm]
tuonare (vi)	греметь (нсв, нпх)	[gremétʲ]
tuona	гремит гром	[gremít gróm]
grandine (f)	град (м)	[grád]
grandina	идёт град	[idǿt grád]
inondare (vt)	затопить (св, пх)	[zatɔpítʲ]
inondazione (f)	наводнение (с)	[navɔdnénie]
terremoto (m)	землетрясение (с)	[zemletrɪsénie]
scossa (f)	толчок (м)	[tɔltʃók]
epicentro (m)	эпицентр (м)	[ɛpitsǽntr]
eruzione (f)	извержение (с)	[izverʒǽnie]
lava (f)	лава (ж)	[láva]
tromba (f) d'aria	смерч (м)	[smértʃ]
tornado (m)	торнадо (м)	[tɔrnádɔ]
tifone (m)	тайфун (м)	[tajfún]
uragano (m)	ураган (м)	[uragán]
tempesta (f)	буря (ж)	[búrʲa]
tsunami (m)	цунами (с)	[tsunámi]
ciclone (m)	циклон (м)	[tsiklón]
maltempo (m)	непогода (ж)	[nepɔgóda]
incendio (m)	пожар (м)	[pɔʒár]
disastro (m)	катастрофа (ж)	[katastrófa]
meteorite (m)	метеорит (м)	[meteɔrít]
valanga (f)	лавина (ж)	[lavína]
slavina (f)	обвал (м)	[ɔbvál]
tempesta (f) di neve	метель (ж)	[metélʲ]
bufera (f) di neve	вьюга (ж)	[vjúga]

Fauna

predatore (m)	хищник (м)	[híʃnik]
tigre (f)	тигр (м)	[tígr]
leone (m)	лев (м)	[léf]
lupo (m)	волк (м)	[vólk]
volpe (m)	лиса (ж)	[lisá]
giaguaro (m)	ягуар (м)	[jɪguár]
leopardo (m)	леопард (м)	[leɔpárd]
ghepardo (m)	гепард (м)	[gepárd]
pantera (f)	пантера (ж)	[pantǽra]
puma (f)	пума (ж)	[púma]
leopardo (m) delle nevi	снежный барс (м)	[snéʒnij bárs]
lince (f)	рысь (ж)	[rĩsʲ]
coyote (m)	койот (м)	[kɔjót]
sciacallo (m)	шакал (м)	[ʃakál]
iena (f)	гиена (ж)	[giéna]

animale (m)	животное (с)	[ʒivótnɔe]
bestia (f)	зверь (м)	[zvérʲ]
scoiattolo (m)	белка (ж)	[bélka]
riccio (m)	ёж (м)	[jóʃ]
lepre (f)	заяц (м)	[záɪʦ]
coniglio (m)	кролик (м)	[królik]
tasso (m)	барсук (м)	[barsúk]
procione (f)	енот (м)	[enót]
criceto (m)	хомяк (м)	[hɔmʲák]
marmotta (f)	сурок (м)	[surók]
talpa (f)	крот (м)	[krót]
topo (m)	мышь (ж)	[mĩʃ]
ratto (m)	крыса (ж)	[krĩsa]
pipistrello (m)	летучая мышь (ж)	[letúʧaja mĩʃ]
ermellino (m)	горностай (м)	[gɔrnɔstáj]
zibellino (m)	соболь (м)	[sóbɔlʲ]
martora (f)	куница (ж)	[kunírsa]
donnola (f)	ласка (ж)	[láska]
visone (m)	норка (ж)	[nórka]

| castoro (m) | бобр (м) | [bóbr] |
| lontra (f) | выдра (ж) | [vīdra] |

cavallo (m)	лошадь (ж)	[lóʃatʲ]
alce (m)	лось (м)	[lósʲ]
cervo (m)	олень (м)	[ɔlénʲ]
cammello (m)	верблюд (м)	[verblʲúd]

bisonte (m) americano	бизон (м)	[bizón]
bisonte (m) europeo	зубр (м)	[zúbr]
bufalo (m)	буйвол (м)	[bújvɔl]

zebra (f)	зебра (ж)	[zébra]
antilope (f)	антилопа (ж)	[antilópa]
capriolo (m)	косуля (ж)	[kɔsúlʲa]
daino (m)	лань (ж)	[lánʲ]
camoscio (m)	серна (ж)	[sérna]
cinghiale (m)	кабан (м)	[kabán]

balena (f)	кит (м)	[kít]
foca (f)	тюлень (м)	[tʲulénʲ]
tricheco (m)	морж (м)	[mórʃ]
otaria (f)	котик (м)	[kótik]
delfino (m)	дельфин (м)	[delʲfín]

orso (m)	медведь (м)	[medvétʲ]
orso (m) bianco	белый медведь (м)	[bélij medvétʲ]
panda (m)	панда (ж)	[pánda]

scimmia (f)	обезьяна (ж)	[ɔbezjána]
scimpanzè (m)	шимпанзе (с)	[ʃimpanzǽ]
orango (m)	орангутанг (м)	[ɔrangutáng]
gorilla (m)	горилла (ж)	[gɔríla]
macaco (m)	макака (ж)	[makáka]
gibbone (m)	гиббон (м)	[gibón]

elefante (m)	слон (м)	[slón]
rinoceronte (m)	носорог (м)	[nɔsɔróg]
giraffa (f)	жираф (м)	[ʒɨráf]
ippopotamo (m)	бегемот (м)	[begemót]

| canguro (m) | кенгуру (м) | [kengurú] |
| koala (m) | коала (ж) | [kɔála] |

mangusta (f)	мангуст (м)	[mangúst]
cincillà (f)	шиншилла (ж)	[ʃinʃila]
moffetta (f)	скунс (м)	[skúns]
istrice (m)	дикобраз (м)	[dikɔbrás]

176. Animali domestici

gatta (f)	кошка (ж)	[kóʃka]
gatto (m)	кот (м)	[kót]
cavallo (m)	лошадь (ж)	[lóʃatʲ]

| stallone (m) | жеребец (м) | [ʒerebéts] |
| giumenta (f) | кобыла (ж) | [kobĭla] |

mucca (f)	корова (ж)	[koróva]
toro (m)	бык (м)	[bĭk]
bue (m)	вол (м)	[vól]

pecora (f)	овца (ж)	[oftsá]
montone (m)	баран (м)	[barán]
capra (f)	коза (ж)	[kozá]
caprone (m)	козёл (м)	[kozǿl]

| asino (m) | осёл (м) | [osǿl] |
| mulo (m) | мул (м) | [múl] |

porco (m)	свинья (ж)	[svinjá]
porcellino (m)	поросёнок (м)	[porosǿnok]
coniglio (m)	кролик (м)	[królik]

| gallina (f) | курица (ж) | [kúritsa] |
| gallo (m) | петух (м) | [petúh] |

anatra (f)	утка (ж)	[útka]
maschio (m) dell'anatra	селезень (м)	[sélezenʲ]
oca (f)	гусь (м)	[gúsʲ]

| tacchino (m) | индюк (м) | [indʲúk] |
| tacchina (f) | индюшка (ж) | [indʲúʃka] |

animali (m pl) domestici	домашние животные (с мн)	[domáʃnie ʒivótnie]
addomesticato (agg)	ручной	[rutʃnój]
addomesticare (vt)	приручать (нсв, пх)	[prirutʃátʲ]
allevare (vt)	выращивать (нсв, пх)	[viráʃivatʲ]

fattoria (f)	ферма (ж)	[férma]
pollame (m)	домашняя птица (ж)	[domáʃnʲaja ptítsa]
bestiame (m)	скот (м)	[skót]
branco (m), mandria (f)	стадо (с)	[stádo]

scuderia (f)	конюшня (ж)	[konʲúʃnʲa]
porcile (m)	свинарник (м)	[svinárnik]
stalla (f)	коровник (м)	[koróvnik]
conigliera (f)	крольчатник (м)	[krolʲtʃátnik]
pollaio (m)	курятник (м)	[kurʲátnik]

177. Cani. Razze canine

cane (m)	собака (ж)	[sobáka]
cane (m) da pastore	овчарка (ж)	[oftʃárka]
pastore (m) tedesco	немецкая овчарка (ж)	[nemétskaja oftʃárka]
barbone (m)	пудель (м)	[púdelʲ]
bassotto (m)	такса (ж)	[táksa]
bulldog (m)	бульдог (м)	[bulʲdóg]
boxer (m)	боксёр (м)	[boksǿr]

mastino (m)	мастиф (м)	[mastíf]
rottweiler (m)	ротвейлер (м)	[rɔtvéjler]
dobermann (m)	доберман (м)	[dɔbermán]

bassotto (m)	бассет (м)	[bássɛt]
bobtail (m)	бобтейл (м)	[bɔptǽjl]
dalmata (m)	далматинец (м)	[dalmatínets]
cocker (m)	кокер-спаниель (м)	[kóker-spaniélʲ]

| terranova (m) | ньюфаундленд (м) | [njufáundlend] |
| sanbernardo (m) | сенбернар (м) | [senbernár] |

husky (m)	хаски (м)	[háski]
chow chow (m)	чау-чау (м)	[ʧáu-ʧáu]
volpino (m)	шпиц (м)	[ʃpíts]
carlino (m)	мопс (м)	[móps]

178. Versi emessi dagli animali

abbaiamento (m)	лай (м)	[láj]
abbaiare (vi)	лаять (нсв, нпх)	[lájıtʲ]
miagolare (vi)	мяукать (нсв, нпх)	[mıúkatʲ]
fare le fusa	мурлыкать (нсв, нпх)	[murlīkatʲ]

muggire (vacca)	мычать (нсв, нпх)	[mıʧátʲ]
muggire (toro)	реветь (нсв, нпх)	[revétʲ]
ringhiare (vi)	рычать (нсв, нпх)	[rıʧátʲ]

ululato (m)	вой (м)	[vój]
ululare (vi)	выть (нсв, нпх)	[vītʲ]
guaire (vi)	скулить (нсв, нпх)	[skulítʲ]

belare (pecora)	блеять (нсв, нпх)	[bléjatʲ]
grugnire (maiale)	хрюкать (нсв, нпх)	[hrʲúkatʲ]
squittire (vi)	визжать (нсв, нпх)	[viʒʒátʲ]

gracidare (rana)	квакать (нсв, нпх)	[kvákatʲ]
ronzare (insetto)	жужжать (нсв, нпх)	[ʒuʒʒátʲ]
frinire (vi)	стрекотать (нсв, нпх)	[strekɔtátʲ]

179. Uccelli

uccello (m)	птица (ж)	[ptítsa]
colombo (m), piccione (m)	голубь (м)	[gólupʲ]
passero (m)	воробей (м)	[vɔrɔbéj]
cincia (f)	синица (ж)	[sinítsa]
gazza (f)	сорока (ж)	[sɔróka]

corvo (m)	ворон (м)	[vórɔn]
cornacchia (f)	ворона (ж)	[vɔróna]
taccola (f)	галка (ж)	[gálka]
corvo (m) nero	грач (м)	[gráʧ]

anatra (f)	утка (ж)	[útka]
oca (f)	гусь (м)	[gúsʲ]
fagiano (m)	фазан (м)	[fazán]

aquila (f)	орёл (м)	[ɔrǿl]
astore (m)	ястреб (м)	[jástreb]
falco (m)	сокол (м)	[sókɔl]
grifone (m)	гриф (м)	[gríf]
condor (m)	кондор (м)	[kóndɔr]

cigno (m)	лебедь (м)	[lébetʲ]
gru (f)	журавль (м)	[ʒurávlʲ]
cicogna (f)	аист (м)	[áist]
pappagallo (m)	попугай (м)	[pɔpugáj]
colibrì (m)	колибри (ж)	[kɔlíbri]
pavone (m)	павлин (м)	[pavlín]

struzzo (m)	страус (м)	[stráus]
airone (m)	цапля (ж)	[tsáplʲa]
fenicottero (m)	фламинго (с)	[flamíngɔ]
pellicano (m)	пеликан (м)	[pelikán]

usignolo (m)	соловей (м)	[sɔlɔvéj]
rondine (f)	ласточка (ж)	[lástɔtʃka]
tordo (m)	дрозд (м)	[drózd]
tordo (m) sasello	певчий дрозд (м)	[péftʃij drózd]
merlo (m)	чёрный дрозд (м)	[tʃórnɨj drózd]

rondone (m)	стриж (м)	[stríʃ]
allodola (f)	жаворонок (м)	[ʒávɔrɔnɔk]
quaglia (f)	перепел (м)	[pérepel]

picchio (m)	дятел (м)	[dʲátel]
cuculo (m)	кукушка (ж)	[kukúʃka]
civetta (f)	сова (ж)	[sɔvá]
gufo (m) reale	филин (м)	[fílin]
urogallo (m)	глухарь (м)	[gluhárʲ]
fagiano (m) di monte	тетерев (м)	[téteref]
pernice (f)	куропатка (ж)	[kurɔpátka]

storno (m)	скворец (м)	[skvɔréts]
canarino (m)	канарейка (ж)	[kanaréjka]
francolino (m) di monte	рябчик (м)	[rʲáptʃik]
fringuello (m)	зяблик (м)	[zʲáblik]
ciuffolotto (m)	снегирь (м)	[snegírʲ]

gabbiano (m)	чайка (ж)	[tʃájka]
albatro (m)	альбатрос (м)	[alʲbatrós]
pinguino (m)	пингвин (м)	[pingvín]

180. Uccelli. Cinguettio e versi

| cantare (vi) | петь (нсв, н/пх) | [pétʲ] |
| gridare (vi) | кричать (нсв, нпх) | [kritʃátʲ] |

cantare (gallo)	кукарекать (нсв, нпх)	[kukarékatʲ]
chicchirichì (m)	кукареку (с)	[kukarekú]

chiocciare (gallina)	кудахтать (нсв, нпх)	[kudáhtatʲ]
gracchiare (vi)	каркать (нсв, нпх)	[kárkatʲ]
fare qua qua	крякать (нсв, нпх)	[krʲákatʲ]
pigolare (vi)	пищать (нсв, нпх)	[piʃátʲ]
cinguettare (vi)	чирикать (нсв, нпх)	[tʃiríkatʲ]

181. Pesci. Animali marini

abramide (f)	лещ (м)	[léʃ]
carpa (f)	карп (м)	[kárp]
perca (f)	окунь (м)	[ókunʲ]
pesce (m) gatto	сом (м)	[sóm]
luccio (m)	щука (ж)	[ʃúka]

salmone (m)	лосось (м)	[lɔsósʲ]
storione (m)	осётр (м)	[ɔsǿtr]

aringa (f)	сельдь (ж)	[sélʲtʲ]
salmone (m)	сёмга (ж)	[sǿmga]

scombro (m)	скумбрия (ж)	[skúmbrija]
sogliola (f)	камбала (ж)	[kámbala]

lucioperca (f)	судак (м)	[sudák]
merluzzo (m)	треска (ж)	[treská]

tonno (m)	тунец (м)	[tunéts]
trota (f)	форель (ж)	[fɔrǽlʲ]

anguilla (f)	угорь (м)	[úgɔrʲ]
torpedine (f)	электрический скат (м)	[ɛlektrítʃeskij skát]

murena (f)	мурена (ж)	[muréna]
piranha (f)	пиранья (ж)	[piránja]

squalo (m)	акула (ж)	[akúla]
delfino (m)	дельфин (м)	[delʲfín]
balena (f)	кит (м)	[kít]

granchio (m)	краб (м)	[kráb]
medusa (f)	медуза (ж)	[medúza]
polpo (m)	осьминог (м)	[ɔsʲminóg]

stella (f) marina	морская звезда (ж)	[mɔrskája zvezdá]
riccio (m) di mare	морской ёж (м)	[mɔrskój jóʃ]
cavalluccio (m) marino	морской конёк (м)	[mɔrskój kɔnǿk]

ostrica (f)	устрица (ж)	[ústritsa]
gamberetto (m)	креветка (ж)	[krevétka]
astice (m)	омар (м)	[ɔmár]
aragosta (f)	лангуст (м)	[langúst]

182. Anfibi. Rettili

| serpente (m) | змея (ж) | [zmejá] |
| velenoso (agg) | ядовитый | [jɪdɔvítij] |

vipera (f)	гадюка (ж)	[gadʲúka]
cobra (m)	кобра (ж)	[kóbra]
pitone (m)	питон (м)	[pitón]
boa (m)	удав (м)	[udáf]

biscia (f)	уж (м)	[úʃ]
serpente (m) a sonagli	гремучая змея (ж)	[gremútʃaja zmejá]
anaconda (f)	анаконда (ж)	[anakónda]

lucertola (f)	ящерица (ж)	[jáʃeritsa]
iguana (f)	игуана (ж)	[iguána]
varano (m)	варан (м)	[varán]
salamandra (f)	саламандра (ж)	[salamándra]
camaleonte (m)	хамелеон (м)	[hameleón]
scorpione (m)	скорпион (м)	[skɔrpión]

tartaruga (f)	черепаха (ж)	[tʃerepáha]
rana (f)	лягушка (ж)	[lɪgúʃka]
rospo (m)	жаба (ж)	[ʒába]
coccodrillo (m)	крокодил (м)	[krɔkɔdíl]

183. Insetti

insetto (m)	насекомое (с)	[nasekómɔe]
farfalla (f)	бабочка (ж)	[bábotʃka]
formica (f)	муравей (м)	[muravéj]
mosca (f)	муха (ж)	[múha]
zanzara (f)	комар (м)	[kɔmár]
scarabeo (m)	жук (м)	[ʒúk]

vespa (f)	оса (ж)	[ɔsá]
ape (f)	пчела (ж)	[ptʃelá]
bombo (m)	шмель (м)	[ʃmélʲ]
tafano (m)	овод (м)	[óvɔd]

| ragno (m) | паук (м) | [paúk] |
| ragnatela (f) | паутина (ж) | [pautína] |

libellula (f)	стрекоза (ж)	[strekɔzá]
cavalletta (f)	кузнечик (м)	[kuznétʃik]
farfalla (f) notturna	мотылёк (м)	[mɔtiløk]

scarafaggio (m)	таракан (м)	[tarakán]
zecca (f)	клещ (м)	[kléʃ]
pulce (f)	блоха (ж)	[blɔhá]
moscerino (m)	мошка (ж)	[móʃka]
locusta (f)	саранча (ж)	[sarantʃá]
lumaca (f)	улитка (ж)	[ulítka]

grillo (m)	сверчок (м)	[svertʃók]
lucciola (f)	светлячок (м)	[svetlɪtʃók]
coccinella (f)	божья коровка (ж)	[bóʒja koRófka]
maggiolino (m)	майский жук (м)	[májskij ʒúk]
sanguisuga (f)	пиявка (ж)	[pijáfka]
bruco (m)	гусеница (ж)	[gúsenitsa]
verme (m)	червь (м)	[tʃérfʲ]
larva (f)	личинка (ж)	[litʃínka]

184. Animali. Parti del corpo

becco (m)	клюв (м)	[klʲúf]
ali (f pl)	крылья (с мн)	[krĩlja]
zampa (f)	лапа (ж)	[lápa]
piumaggio (m)	оперение (с)	[ɔperénie]
penna (f), piuma (f)	перо (с)	[peró]
cresta (f)	хохолок (м)	[hɔhɔlók]
branchia (f)	жабры (мн)	[ʒábri]
uova (f pl)	икра (ж)	[ikrá]
larva (f)	личинка (ж)	[litʃínka]
pinna (f)	плавник (м)	[plavník]
squama (f)	чешуя (ж)	[tʃeʃujá]
zanna (f)	клык (м)	[klĩk]
zampa (f)	лапа (ж)	[lápa]
muso (m)	морда (ж)	[mórda]
bocca (f)	пасть (ж)	[pástʲ]
coda (f)	хвост (м)	[hvóst]
baffi (m pl)	усы (м мн)	[usĩ]
zoccolo (m)	копыто (с)	[kɔpĩtɔ]
corno (m)	рог (м)	[róg]
carapace (f)	панцирь (м)	[pántsirʲ]
conchiglia (f)	ракушка (ж)	[rakúʃka]
guscio (m) dell'uovo	скорлупа (ж)	[skɔrlupá]
pelo (m)	шерсть (ж)	[ʃǽrstʲ]
pelle (f)	шкура (ж)	[ʃkúra]

185. Animali. Ambiente naturale

ambiente (m) naturale	среда (ж) обитания	[sredá ɔbitánija]
migrazione (f)	миграция (ж)	[migrátsija]
monte (m), montagna (f)	гора (ж)	[gɔrá]
scogliera (f)	риф (м)	[ríf]
falesia (f)	скала (ж)	[skalá]
foresta (f)	лес (м)	[lés]
giungla (f)	джунгли (мн)	[dʒúngli]

| savana (f) | саванна (ж) | [saván̦a] |
| tundra (f) | тундра (ж) | [túndra] |

steppa (f)	степь (ж)	[stép ^j]
deserto (m)	пустыня (ж)	[pustĭn̦a]
oasi (f)	оазис (м)	[ɔázis]

mare (m)	море (с)	[móre]
lago (m)	озеро (с)	[ózerɔ]
oceano (m)	океан (м)	[ɔkeán]

palude (f)	болото (с)	[bɔlótɔ]
di acqua dolce	пресноводный	[presnɔvódnij]
stagno (m)	пруд (м)	[prúd]
fiume (m)	река (ж)	[reká]

tana (f) (dell'orso)	берлога (ж)	[berlóga]
nido (m)	гнездо (с)	[gnezdó]
cavità (f) (~ in un albero)	дупло (с)	[dupló]
tana (f) (del fox, ecc.)	нора (ж)	[nɔrá]
formicaio (m)	муравейник (м)	[muravéjnik]

Flora

albero (m)	дерево (c)	[dérevɔ]
deciduo (agg)	лиственное	[lístvenɔe]
conifero (agg)	хвойное	[hvójnɔe]
sempreverde (agg)	вечнозелёное	[vetʃnɔ·zelǿnɔe]

melo (m)	яблоня (ж)	[jáblɔnʲa]
pero (m)	груша (ж)	[grúʃa]
ciliegio (m)	черешня (ж)	[ʧeréʃnʲa]
amareno (m)	вишня (ж)	[víʃnʲa]
prugno (m)	слива (ж)	[slíva]

betulla (f)	берёза (ж)	[berǿza]
quercia (f)	дуб (м)	[dúb]
tiglio (m)	липа (ж)	[lípa]
pioppo (m) tremolo	осина (ж)	[ɔsína]
acero (m)	клён (м)	[klǿn]
abete (m)	ель (ж)	[élʲ]
pino (m)	сосна (ж)	[sɔsná]
larice (m)	лиственница (ж)	[lístvenitsa]
abete (m) bianco	пихта (ж)	[píhta]
cedro (m)	кедр (м)	[kédr]

pioppo (m)	тополь (м)	[tópɔlʲ]
sorbo (m)	рябина (ж)	[rɪbína]
salice (m)	ива (ж)	[íva]
alno (m)	ольха (ж)	[ɔlʲhá]
faggio (m)	бук (м)	[búk]
olmo (m)	вяз (м)	[vʲás]
frassino (m)	ясень (м)	[jásenʲ]
castagno (m)	каштан (м)	[kaʃtán]

magnolia (f)	магнолия (ж)	[magnólija]
palma (f)	пальма (ж)	[pálʲma]
cipresso (m)	кипарис (м)	[kiparís]

mangrovia (f)	мангровое дерево (c)	[mángrɔvɔe dérevɔ]
baobab (m)	баобаб (м)	[baɔbáb]
eucalipto (m)	эвкалипт (м)	[ɛfkalípt]
sequoia (f)	секвойя (ж)	[sekvója]

| cespuglio (m) | куст (м) | [kúst] |
| arbusto (m) | кустарник (м) | [kustárnik] |

| vite (f) | виноград (м) | [vinɔgrád] |
| vigneto (m) | виноградник (м) | [vinɔgrádnik] |

lampone (m)	малина (ж)	[malína]
ribes (m) nero	чёрная смородина (ж)	[ʧórnaja smɔródina]
ribes (m) rosso	красная смородина (ж)	[krásnaja smɔródina]
uva (f) spina	крыжовник (м)	[kriʒóvnik]

acacia (f)	акация (ж)	[akáʦija]
crespino (m)	барбарис (м)	[barbarís]
gelsomino (m)	жасмин (м)	[ʒasmín]

ginepro (m)	можжевельник (м)	[mɔʒevélʲnik]
roseto (m)	розовый куст (м)	[rózɔvij kúst]
rosa (f) canina	шиповник (м)	[ʃipóvnik]

188. Funghi

fungo (m)	гриб (м)	[gríb]
fungo (m) commestibile	съедобный гриб (м)	[sjedóbnij gríb]
fungo (m) velenoso	ядовитый гриб (м)	[jɪdɔvítij gríb]
cappello (m)	шляпка (ж)	[ʃlʲápka]
gambo (m)	ножка (ж)	[nóʃka]

porcino (m)	белый гриб (м)	[bélij gríb]
boleto (m) rufo	подосиновик (м)	[pɔdɔsínɔvik]
porcinello (m)	подберёзовик (м)	[pɔdberózɔvik]
gallinaccio (m)	лисичка (ж)	[lisíʧka]
rossola (f)	сыроежка (ж)	[sirɔéʃka]

spugnola (f)	сморчок (м)	[smɔrʧók]
ovolaccio (m)	мухомор (м)	[muhɔmór]
fungo (m) moscario	поганка (ж)	[pɔgánka]

189. Frutti. Bacche

mela (f)	яблоко (c)	[jáblɔkɔ]
pera (f)	груша (ж)	[grúʃa]
prugna (f)	слива (ж)	[slíva]

fragola (f)	клубника (ж)	[klubníka]
amarena (f)	вишня (ж)	[víʃnʲa]
ciliegia (f)	черешня (ж)	[ʧeréʃnʲa]
uva (f)	виноград (м)	[vinɔgrád]

lampone (m)	малина (ж)	[malína]
ribes (m) nero	чёрная смородина (ж)	[ʧórnaja smɔródina]
ribes (m) rosso	красная смородина (ж)	[krásnaja smɔródina]
uva (f) spina	крыжовник (м)	[kriʒóvnik]
mirtillo (m) di palude	клюква (ж)	[klʲúkva]
arancia (f)	апельсин (м)	[apelʲsín]
mandarino (m)	мандарин (м)	[mandarín]

ananas (m)	ананас (м)	[ananás]
banana (f)	банан (м)	[banán]
dattero (m)	финик (м)	[fínik]

limone (m)	лимон (м)	[limón]
albicocca (f)	абрикос (м)	[abrikós]
pesca (f)	персик (м)	[pérsik]
kiwi (m)	киви (м)	[kívi]
pompelmo (m)	грейпфрут (м)	[gréjpfrut]

bacca (f)	ягода (ж)	[jágɔda]
bacche (f pl)	ягоды (ж мн)	[jágɔdɨ]
mirtillo (m) rosso	брусника (ж)	[brusníka]
fragola (f) di bosco	земляника (ж)	[zemlɪníka]
mirtillo (m)	черника (ж)	[tʃerníka]

190. Fiori. Piante

| fiore (m) | цветок (м) | [tsvetók] |
| mazzo (m) di fiori | букет (м) | [bukét] |

rosa (f)	роза (ж)	[róza]
tulipano (m)	тюльпан (м)	[tʲulʲpán]
garofano (m)	гвоздика (ж)	[gvɔzdíka]
gladiolo (m)	гладиолус (м)	[gladiólus]

fiordaliso (m)	василёк (м)	[vasilók]
campanella (f)	колокольчик (м)	[kɔlɔkólʲtʃik]
soffione (m)	одуванчик (м)	[ɔduvántʃik]
camomilla (f)	ромашка (ж)	[rɔmáʃka]

aloe (m)	алоэ (с)	[alóɛ]
cactus (m)	кактус (м)	[káktus]
ficus (m)	фикус (м)	[fíkus]

giglio (m)	лилия (ж)	[lílija]
geranio (m)	герань (ж)	[geránʲ]
giacinto (m)	гиацинт (м)	[giatsɨnt]

mimosa (f)	мимоза (ж)	[mimóza]
narciso (m)	нарцисс (м)	[nartsɨs]
nasturzio (m)	настурция (ж)	[nastúrtsija]

orchidea (f)	орхидея (ж)	[ɔrhidéja]
peonia (f)	пион (м)	[pión]
viola (f)	фиалка (ж)	[fiálka]

viola (f) del pensiero	анютины глазки (мн)	[anʲútinɨ gláski]
nontiscordardimé (m)	незабудка (ж)	[nezabútka]
margherita (f)	маргаритка (ж)	[margarítka]

papavero (m)	мак (м)	[mák]
canapa (f)	конопля (ж)	[kɔnɔplʲá]
menta (f)	мята (ж)	[mʲáta]

| mughetto (m) | ландыш (м) | [lándiʃ] |
| bucaneve (m) | подснежник (м) | [pɔtsnéʒnik] |

ortica (f)	крапива (ж)	[krapíva]
acetosa (f)	щавель (м)	[ʃavélʲ]
ninfea (f)	кувшинка (ж)	[kufʃínka]
felce (f)	папоротник (м)	[pápɔrtnik]
lichene (m)	лишайник (м)	[liʃájnik]

serra (f)	оранжерея (ж)	[ɔranʒeréja]
prato (m) erboso	газон (м)	[gazón]
aiuola (f)	клумба (ж)	[klúmba]

pianta (f)	растение (с)	[rasténie]
erba (f)	трава (ж)	[travá]
filo (m) d'erba	травинка (ж)	[travínka]

foglia (f)	лист (м)	[líst]
petalo (m)	лепесток (м)	[lepestók]
stelo (m)	стебель (м)	[stébelʲ]
tubero (m)	клубень (м)	[klúbenʲ]

| germoglio (m) | росток (м) | [rɔstók] |
| spina (f) | шип (м) | [ʃĩp] |

fiorire (vi)	цвести (нсв, нпх)	[tsvestí]
appassire (vi)	вянуть (нсв, нпх)	[vʲánutʲ]
odore (m), profumo (m)	запах (м)	[zápah]
tagliare (~ i fiori)	срезать (св, пх)	[srézatʲ]
cogliere (vt)	сорвать (св, пх)	[sɔrvátʲ]

191. Cereali, granaglie

grano (m)	зерно (с)	[zernó]
cereali (m pl)	зерновые растения (с мн)	[zernɔvĩe rasténija]
spiga (f)	колос (м)	[kólɔs]

frumento (m)	пшеница (ж)	[pʃɛnítsa]
segale (f)	рожь (ж)	[róʃ]
avena (f)	овёс (м)	[ɔvǿs]
miglio (m)	просо (с)	[prósɔ]
orzo (m)	ячмень (м)	[jitʃménʲ]

mais (m)	кукуруза (ж)	[kukurúza]
riso (m)	рис (м)	[rís]
grano (m) saraceno	гречиха (ж)	[gretʃíha]

pisello (m)	горох (м)	[gɔróh]
fagiolo (m)	фасоль (ж)	[fasólʲ]
soia (f)	соя (ж)	[sója]
lenticchie (f pl)	чечевица (ж)	[tʃetʃevítsa]
fave (f pl)	бобы (мн)	[bɔbĩ]

GEOGRAFIA REGIONALE

Paesi. Nazionalità

192. Politica. Governo. Parte 1

politica (f)	политика (ж)	[polítika]
politico (agg)	политический	[polItítʃeskij]
politico (m)	политик (м)	[polítik]
stato (m) (nazione, paese)	государство (с)	[gɔsudárstvɔ]
cittadino (m)	гражданин (м)	[graʒdanín]
cittadinanza (f)	гражданство (с)	[graʒdánstvɔ]
emblema (m) nazionale	национальный герб (м)	[natsiɔnálʲnij gérb]
inno (m) nazionale	государственный гимн (м)	[gɔsudárstvenij gímn]
governo (m)	правительство (с)	[pravítelʲstvɔ]
capo (m) di Stato	руководитель (м) страны	[rukɔvɔdítelʲ stranī]
parlamento (m)	парламент (м)	[parlámеnt]
partito (m)	партия (ж)	[pártija]
capitalismo (m)	капитализм (м)	[kapitalízm]
capitalistico (agg)	капиталистический	[kapitalistítʃeskij]
socialismo (m)	социализм (м)	[sɔtsialízm]
socialista (agg)	социалистический	[sɔtsialistítʃeskij]
comunismo (m)	коммунизм (м)	[kɔmunízm]
comunista (agg)	коммунистический	[kɔmunistítʃeskij]
comunista (m)	коммунист (м)	[kɔmuníst]
democrazia (f)	демократия (ж)	[demɔkrátija]
democratico (m)	демократ (м)	[demɔkrát]
democratico (agg)	демократический	[demɔkratítʃeskij]
partito (m) democratico	демократическая партия (ж)	[demɔkratítʃeskaja pártija]
liberale (m)	либерал (м)	[liberál]
liberale (agg)	либеральный	[liberálʲnij]
conservatore (m)	консерватор (м)	[kɔnservátɔr]
conservatore (agg)	консервативный	[kɔnservatívnij]
repubblica (f)	республика (ж)	[respúblika]
repubblicano (m)	республиканец (м)	[respublikáneʦ]
partito (m) repubblicano	республиканская партия (ж)	[respublikánskaja pártija]
elezioni (f pl)	выборы (мн)	[vīborī]

eleggere (vt)	выбирать (нсв, пх)	[vibirátʲ]
elettore (m)	избиратель (м)	[izbirátelʲ]
campagna (f) elettorale	избирательная кампания (ж)	[izbirátelʲnaja kampánija]

votazione (f)	голосование (c)	[gɔlɔsɔvánie]
votare (vi)	голосовать (нсв, нпх)	[gɔlɔsɔvátʲ]
diritto (m) di voto	право (c) голоса	[právɔ gólɔsa]

candidato (m)	кандидат (м)	[kandidát]
candidarsi (vr)	баллотироваться (нсв, возв)	[balɔtírɔvatsa]
campagna (f)	кампания (ж)	[kampánija]

| d'opposizione (agg) | оппозиционный | [ɔpɔzitsiónnij] |
| opposizione (f) | оппозиция (ж) | [ɔpɔzítsija] |

visita (f)	визит (м)	[vizít]
visita (f) ufficiale	официальный визит (м)	[ofitsiálʲnij vizít]
internazionale (agg)	международный	[meʒdunaródnij]

| trattative (f pl) | переговоры (мн) | [peregɔvóri] |
| negoziare (vi) | вести переговоры | [vestí peregɔvóri] |

193. Politica. Governo. Parte 2

società (f)	общество (c)	[ópʃestvɔ]
costituzione (f)	конституция (ж)	[kɔnstitútsija]
potere (m) (~ politico)	власть (ж)	[vlástʲ]
corruzione (f)	коррупция (ж)	[kɔrúptsija]

| legge (f) | закон (м) | [zakón] |
| legittimo (agg) | законный | [zakónnij] |

| giustizia (f) | справедливость (ж) | [spravedlívɔstʲ] |
| giusto (imparziale) | справедливый | [spravedlívij] |

comitato (m)	комитет (м)	[kɔmitét]
disegno (m) di legge	законопроект (м)	[zakónɔ·prɔǽkt]
bilancio (m)	бюджет (м)	[bʲudʒǽt]
politica (f)	политика (ж)	[pɔlítika]
riforma (f)	реформа (ж)	[refórma]
radicale (agg)	радикальный	[radikálʲnij]

forza (f) (potenza)	сила (ж)	[síla]
potente (agg)	сильный	[sílʲnij]
sostenitore (m)	сторонник (м)	[stɔrónnik]
influenza (f)	влияние (c)	[vlijánie]

regime (m) (~ militare)	режим (м)	[reʒĭm]
conflitto (m)	конфликт (м)	[kɔnflíkt]
complotto (m)	заговор (м)	[zágɔvɔr]
provocazione (f)	провокация (ж)	[prɔvɔkátsija]
rovesciare (~ un regime)	свергнуть (св, пх)	[svérgnutʲ]
rovesciamento (m)	свержение (c)	[sverʒǽnie]

rivoluzione (f)	революция (ж)	[revolʲútsija]
colpo (m) di Stato	переворот (м)	[perevɔrót]
golpe (m) militare	военный переворот (м)	[vɔénnij perevɔrót]

crisi (f)	кризис (м)	[krízis]
recessione (f) economica	экономический спад (м)	[ɛkonɔmítʃeskij spád]
manifestante (m)	демонстрант (м)	[demɔnstránt]
manifestazione (f)	демонстрация (ж)	[demɔnstrátsija]
legge (f) marziale	военное положение (с)	[vɔénnɔe polɔʒǽnie]
base (f) militare	военная база (ж)	[vɔénnaja báza]

stabilità (f)	стабильность (ж)	[stabílʲnɔstʲ]
stabile (agg)	стабильный	[stabílʲnij]

sfruttamento (m)	эксплуатация (ж)	[ɛkspluatátsija]
sfruttare (~ i lavoratori)	эксплуатировать (нсв, пх)	[ɛkspluatírovatʲ]

razzismo (m)	расизм (м)	[rasízm]
razzista (m)	расист (м)	[rasíst]
fascismo (m)	фашизм (м)	[faʃízm]
fascista (m)	фашист (м)	[faʃíst]

194. Paesi. Varie

straniero (m)	иностранец (м)	[inɔstránets]
straniero (agg)	иностранный	[inɔstránnij]
all'estero	за границей	[za granítsɛj]

emigrato (m)	эмигрант (м)	[ɛmigránt]
emigrazione (f)	эмиграция (ж)	[ɛmigrátsija]
emigrare (vi)	эмигрировать (н/св, нпх)	[ɛmigrírovatʲ]

Ovest (m)	Запад (м)	[západ]
Est (m)	Восток (м)	[vɔstók]
Estremo Oriente (m)	Дальний Восток (м)	[dálʲnij vɔstók]

civiltà (f)	цивилизация (ж)	[tsivilizátsija]
umanità (f)	человечество (с)	[tʃelɔvétʃestvɔ]
mondo (m)	мир (м)	[mír]
pace (f)	мир (м)	[mír]
mondiale (agg)	мировой	[mirɔvój]

patria (f)	родина (ж)	[ródina]
popolo (m)	народ (м)	[naród]
popolazione (f)	население (с)	[naselénie]
gente (f)	люди (м мн)	[lʲúdi]
nazione (f)	нация (ж)	[nátsija]
generazione (f)	поколение (с)	[pokolénie]

territorio (m)	территория (ж)	[teritórija]
regione (f)	регион (м)	[región]
stato (m)	штат (м)	[ʃtát]
tradizione (f)	традиция (ж)	[tradítsija]
costume (m)	обычай (м)	[ɔbïtʃaj]

ecologia (f)	экология (ж)	[ɛkɔlógija]
indiano (m)	индеец (м)	[indéets]
zingaro (m)	цыган (м)	[tsigán]
zingara (f)	цыганка (ж)	[tsigánka]
di zingaro	цыганский	[tsigánskij]

impero (m)	империя (ж)	[impérija]
colonia (f)	колония (ж)	[kɔlónija]
schiavitù (f)	рабство (с)	[rábstvɔ]
invasione (f)	нашествие (с)	[naʃǽstvie]
carestia (f)	голод (м)	[gólɔd]

195. Principali gruppi religiosi. Credi religiosi

religione (f)	религия (ж)	[relígija]
religioso (agg)	религиозный	[religióznij]

fede (f)	верование (с)	[vérɔvanie]
credere (vi)	верить (нсв, пх)	[vérit']
credente (m)	верующий (м)	[vérujuʃij]

ateismo (m)	атеизм (м)	[atɛízm]
ateo (m)	атеист (м)	[atɛíst]

cristianesimo (m)	христианство (с)	[hristiánstvɔ]
cristiano (m)	христианин (м)	[hristianín]
cristiano (agg)	христианский	[hristiánskij]

cattolicesimo (m)	Католицизм (м)	[katɔlitsīzm]
cattolico (m)	католик (м)	[katólik]
cattolico (agg)	католический	[katɔlítʃeskij]

Protestantesimo (m)	Протестантство (с)	[prɔtestántstvɔ]
Chiesa (f) protestante	Протестантская церковь (ж)	[prɔtestánskaja tsǽrkɔf']
protestante (m)	протестант (м)	[prɔtestánt]

Ortodossia (f)	Православие (с)	[pravɔslávie]
Chiesa (f) ortodossa	Православная церковь (ж)	[pravɔslávnaja tsǽrkɔf']
ortodosso (m)	православный (м)	[pravɔslávnij]

Presbiterianesimo (m)	Пресвитерианство (с)	[presviteriánstvɔ]
Chiesa (f) presbiteriana	Пресвитерианская церковь (ж)	[presviteriánskaja tsǽrkɔf']
presbiteriano (m)	пресвитерианин (м)	[presviteriánin]

Luteranesimo (m)	Лютеранская церковь (ж)	[l'uteránskaja tsǽrkɔf']
luterano (m)	лютеранин (м)	[l'uteránin]

confessione (f) battista	Баптизм (м)	[baptízm]
battista (m)	баптист (м)	[baptíst]

Chiesa (f) anglicana	Англиканская церковь (ж)	[anglikánskaja tsǽrkɔf']
anglicano (m)	англиканин (м)	[anglikánin]

| mormonismo (m) | Мормонство (c) | [mɔrmónstvɔ] |
| mormone (m) | мормон (м) | [mɔrmón] |

| giudaismo (m) | Иудаизм (м) | [iudaízm] |
| ebreo (m) | иудей (м) | [iudéj] |

| buddismo (m) | Буддизм (м) | [budízm] |
| buddista (m) | буддист (м) | [budíst] |

| Induismo (m) | Индуизм (м) | [induízm] |
| induista (m) | индуист (м) | [induíst] |

Islam (m)	Ислам (м)	[islám]
musulmano (m)	мусульманин (м)	[musulʲmánin]
musulmano (agg)	мусульманский	[musulʲmánskij]

| sciismo (m) | Шиизм (м) | [ʃiízm] |
| sciita (m) | шиит (м) | [ʃiít] |

| sunnismo (m) | Суннизм (м) | [sunízm] |
| sunnita (m) | суннит (м) | [sunít] |

196. Religioni. Sacerdoti

| prete (m) | священник (м) | [sviʃénik] |
| Papa (m) | Папа Римский (м) | [pápa rímskij] |

monaco (m)	монах (м)	[mɔnáh]
monaca (f)	монахиня (ж)	[mɔnáhinʲa]
pastore (m)	пастор (м)	[pástɔr]

abate (m)	аббат (м)	[abát]
vicario (m)	викарий (м)	[vikárij]
vescovo (m)	епископ (м)	[epískɔp]
cardinale (m)	кардинал (м)	[kardinál]

predicatore (m)	проповедник (м)	[prɔpɔvédnik]
predica (f)	проповедь (ж)	[própɔvetʲ]
parrocchiani (m)	прихожане (мн)	[prihɔʒáne]

| credente (m) | верующий (м) | [vérujuʃij] |
| ateo (m) | атеист (м) | [atɛíst] |

197. Fede. Cristianesimo. Islam

| Adamo | Адам (м) | [adám] |
| Eva | Ева (ж) | [éva] |

Dio (m)	Бог (м)	[bóh]
Signore (m)	Господь (м)	[gɔspótʲ]
Onnipotente (m)	Всемогущий (м)	[fsemɔgúʃij]
peccato (m)	грех (м)	[gréh]

peccare (vi)	грешить (нсв, нпх)	[greʃitʲ]
peccatore (m)	грешник (м)	[gréʃnik]
peccatrice (f)	грешница (ж)	[gréʃnitsa]

inferno (m)	ад (м)	[ád]
paradiso (m)	рай (м)	[ráj]

Gesù	Иисус (м)	[iisús]
Gesù Cristo	Иисус Христос (м)	[iisús hristós]

Spirito (m) Santo	Святой Дух (м)	[svɪtój dúh]
Salvatore (m)	Спаситель (м)	[spasítelʲ]
Madonna	Богородица (ж)	[bɔgɔróditsa]

Diavolo (m)	Дьявол (м)	[djávɔl]
del diavolo	дьявольский	[djávɔlʲskij]
Satana (m)	Сатана (ж)	[sataná]
satanico (agg)	сатанинский	[satanínskij]

angelo (m)	ангел (м)	[ángel]
angelo (m) custode	ангел-хранитель (м)	[ángel-hranítelʲ]
angelico (agg)	ангельский	[ángelʲskij]

apostolo (m)	апостол (м)	[apóstɔl]
arcangelo (m)	архангел (м)	[arhángel]
Anticristo (m)	антихрист (м)	[antíhrist]

Chiesa (f)	Церковь (ж)	[tsǽrkɔfʲ]
Bibbia (f)	библия (ж)	[bíblija]
biblico (agg)	библейский	[bibléjskij]

Vecchio Testamento (m)	Ветхий Завет (м)	[vétxij zavét]
Nuovo Testamento (m)	Новый Завет (м)	[nóvij zavét]
Vangelo (m)	Евангелие (c)	[evángelie]
Sacra Scrittura (f)	Священное Писание (c)	[sviʃʲénɔe pisánie]
Il Regno dei Cieli	Царство (c) Небесное	[tsárstvɔ nebésnɔe]

comandamento (m)	заповедь (ж)	[zápɔvetʲ]
profeta (m)	пророк (м)	[prɔrók]
profezia (f)	пророчество (c)	[prɔrótʃestvɔ]

Allah	Аллах (м)	[aláh]
Maometto	Мухаммед (м)	[muhámmed]
Corano (m)	Коран (м)	[kɔrán]

moschea (f)	мечеть (ж)	[metʃétʲ]
mullah (m)	мулла (ж)	[mulá]
preghiera (f)	молитва (ж)	[mɔlítva]
pregare (vi, vt)	молиться (нсв, возв)	[mɔlítsa]

pellegrinaggio (m)	паломничество (c)	[palómnitʃestvɔ]
pellegrino (m)	паломник (м)	[palómnik]
La Mecca (f)	Мекка (ж)	[mékka]

chiesa (f)	церковь (ж)	[tsǽrkɔfʲ]
tempio (m)	храм (м)	[hrám]

cattedrale (f)	собор (м)	[sɔbór]
gotico (agg)	готический	[gɔtíʧeskij]
sinagoga (f)	синагога (ж)	[sinagóga]
moschea (f)	мечеть (ж)	[meʧétʲ]

cappella (f)	часовня (ж)	[ʧasóvnʲa]
abbazia (f)	аббатство (с)	[abátstvɔ]
convento (m) di suore	монастырь (м)	[mɔnastîrʲ]
monastero (m)	монастырь (м)	[mɔnastîrʲ]

campana (f)	колокол (м)	[kólɔkɔl]
campanile (m)	колокольня (ж)	[kɔlɔkólʲnʲa]
suonare (campane)	звонить (нсв, нпх)	[zvɔnítʲ]

croce (f)	крест (м)	[krést]
cupola (f)	купол (м)	[kúpɔl]
icona (f)	икона (ж)	[ikóna]

anima (f)	душа (ж)	[duʃá]
destino (m), sorte (f)	судьба (ж)	[sutʲbá]
male (m)	зло (с)	[zló]
bene (m)	добро (с)	[dɔbró]

vampiro (m)	вампир (м)	[vampír]
strega (f)	ведьма (ж)	[védʲma]
demone (m)	демон (м)	[démɔn]
spirito (m)	дух (м)	[dúh]

| redenzione (f) | искупление (с) | [iskuplénie] |
| redimere (vt) | искупить (св, пх) | [iskupítʲ] |

messa (f)	служба (ж)	[slúʒba]
dire la messa	служить (нсв, нпх)	[sluʒîtʲ]
confessione (f)	исповедь (ж)	[íspovetʲ]
confessarsi (vr)	исповедоваться (н/св, возв)	[ispɔvédɔvatsa]

santo (m)	святой (м)	[svɪtój]
sacro (agg)	священный	[svɪʃénij]
acqua (f) santa	святая вода (ж)	[svɪtája vɔdá]

rito (m)	ритуал (м)	[rituál]
rituale (agg)	ритуальный	[rituálʲnij]
sacrificio (m) (offerta)	жертвоприношение (с)	[ʒértvɔ·prinɔʃǽnie]

superstizione (f)	суеверие (с)	[suevérie]
superstizioso (agg)	суеверный	[suevérnij]
vita (f) dell'oltretomba	загробная жизнь (ж)	[zagróbnaja ʒîznʲ]
vita (f) eterna	вечная жизнь (ж)	[véʧnaja ʒîznʲ]

VARIE

aiuto (m)	помощь (ж)	[pómɔʃʲ]
barriera (f) (ostacolo)	преграда (ж)	[pregráda]
base (f)	база (ж)	[báza]
bilancio (m) (equilibrio)	баланс (м)	[baláns]
categoria (f)	категория (ж)	[kategórija]
causa (f) (ragione)	причина (ж)	[priʧína]
coincidenza (f)	совпадение (с)	[sɔfpadénie]
comodo (agg)	удобный	[udóbnij]
compenso (m)	компенсация (ж)	[kɔmpensátsija]
confronto (m)	сравнение (с)	[sravnénie]
cosa (f) (oggetto, articolo)	вещь (ж)	[véʃʲ]
crescita (f)	рост (м)	[róst]
differenza (f)	различие (с)	[razlíʧie]
effetto (m)	эффект (м)	[ɛfékt]
elemento (m)	элемент (м)	[ɛlemént]
errore (m)	ошибка (ж)	[ɔʃípka]
esempio (m)	пример (м)	[primér]
fatto (m)	факт (м)	[fákt]
forma (f) (aspetto)	форма (ж)	[fórma]
frequente (agg)	частый	[ʧástij]
genere (m) (tipo, sorta)	вид (м)	[víd]
grado (m) (livello)	степень (ж)	[stépenʲ]
ideale (m)	идеал (м)	[ideál]
inizio (m)	начало (с)	[naʧálɔ]
labirinto (m)	лабиринт (м)	[labirínt]
modo (m) (maniera)	способ (м)	[spósɔb]
momento (m)	момент (м)	[mɔmént]
oggetto (m) (cosa)	объект (м)	[ɔbjékt]
originale (m) (non è una copia)	оригинал (м)	[ɔriginál]
ostacolo (m)	препятствие (с)	[prepʲátstvie]
parte (f) (~ di qc)	часть (ж)	[ʧástʲ]
particella (f)	частица (ж)	[ʧastítsa]
pausa (f)	остановка (ж)	[ɔstanófka]
pausa (f) (sosta)	пауза (ж)	[páuza]
posizione (f)	позиция (ж)	[pɔzítsija]
principio (m)	принцип (м)	[príntsip]
problema (m)	проблема (ж)	[prɔbléma]
processo (m)	процесс (м)	[prɔtsǽs]
progresso (m)	прогресс (м)	[prɔgrǽs]

proprietà (f) (qualità)	свойство (c)	[svójstvɔ]
reazione (f)	реакция (ж)	[reákʦija]
rischio (m)	риск (м)	[rísk]
ritmo (m)	темп (м)	[tǽmp]
scelta (f)	выбор (м)	[vī̄bɔr]
segreto (m)	тайна (ж)	[tájna]
serie (f)	серия (ж)	[sérija]
sfondo (m)	фон (м)	[fón]
sforzo (m) (fatica)	усилие (c)	[usílie]
sistema (m)	система (ж)	[sistéma]
situazione (f)	ситуация (ж)	[situáʦija]
soluzione (f)	решение (c)	[reʃǽnie]
standard (agg)	стандартный	[standártnij]
standard (m)	стандарт (м)	[standárt]
stile (m)	стиль (м)	[stílʲ]
sviluppo (m)	развитие (c)	[razvítie]
tabella (f) (delle calorie, ecc.)	таблица (ж)	[tablíʦa]
termine (m)	окончание (c)	[ɔkɔnʧánie]
termine (m) (parola)	термин (м)	[términ]
tipo (m)	тип (м)	[típ]
turno (m) (aspettare il proprio ~)	очередь (ж)	[óʧeretʲ]
urgente (agg)	срочный	[sróʧnij]
urgentemente	срочно	[sróʧnɔ]
utilità (f)	польза (ж)	[pólʲza]
variante (f)	вариант (м)	[variánt]
verità (f)	истина (ж)	[ístina]
zona (f)	зона (ж)	[zóna]

www.ingramcontent.com/pod-product-compliance
Lightning Source LLC
LaVergne TN
LVHW051309080426
835509LV00020B/3183